本丛书得到何东先生独资赞助

This series of books is financially supported exclusively
by Mr. Eric Hotung.

20世纪中国文物考古发现与研究丛书

裴李岗文化

李友谋／著

文物出版社

一　裴李岗遗址出土的石铲

二　裴李岗遗址出土的石磨盘

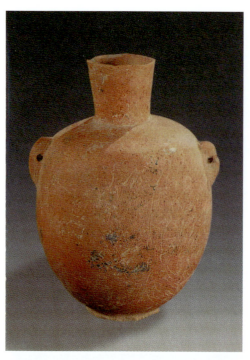

三　裴李岗遗址出土的小口双耳壶

四　裴李岗遗址出土的三足钵

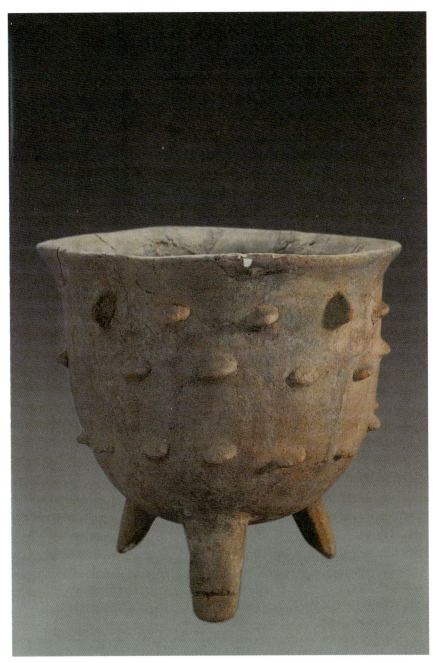

五　裴李岗遗址出土的乳丁纹鼎

六　贾湖遗址出土的骨笛

七　贾湖遗址出土的龟甲

20世纪中国文物考古发现与研究丛书

序 / 张文彬

俗称"锄头考古学"的田野考古学的诞生以及中国考古学学科体系的基本完善，由此而引起的古物鉴玩观赏著录向科学的文物学的转变，是20世纪中国学术与文化界的大事。它从材料与方法两个方面彻底刷新了持续了数千年之久的中国古代史学传统，不但为中国学术界和文化界开拓出更加广阔的研究天地，也为一切关心中华民族悠久历史和灿烂文明的人们不断地提供了可贵的精神滋养和力量源泉。

仰古、述古、探古，进而考古，向来为我国传统文化中一个明显的学术特点。先秦时期诸子百家发其端，汉代司马迁撰写《史记》，北魏郦道元作注《水经》。他们对相关的遗迹遗物，尽可能地做到亲自考察和调查，既能辨史又可补史。这种寻根追源的治学态度，为后世学术上的探古、考古树立了榜样。此后，山河间的访古和书斋式的究古相继开展，特别是对古器物的研究，成了唐、宋时期的文化时尚。不少学者热衷于青铜铭文、碑刻、陶文、印章等古文字的考释，进而有了对器物的辨伪鉴定、时代判断、分类命名等，逐渐兴起了一门新的学问——金石学，涌现出许多著名的古器物鉴赏家和收藏家。只是囿于当时的历史条件，金石学家们无法了解所见文物的出土地点和情况，也难以涉及史前时代漫长的演进历程，因而长期以来始终脱离不了考证文字和证经补史的窠臼。即使如此，他们的艰辛努力和取得的成绩，还是为推动我国传统文化的发展起到了积极作用，并且在事实上也为中国考古学和中国文物学的起步铺设了最早的一段道路。

20世纪初，近代考古学由西方传入。中国学者继承金石学的研究成果，学习并运用西方考古学方法，开始从事田野考古，通过历史物质文化遗存，探寻和认识古代社会，揭示人类社会发展规律。早在1926年，中国学者就自行主持山西南部汾河流域的调查和夏县西阴村史前遗址的发掘。随后，我国学者同美国研究机构合作，有计划地发掘周口店遗址，发现了北京猿人。从1928年起至1937年，连续十五次发掘安阳殷墟遗址，取得了较大收获，引起了国内外学术界的重视。自20世纪50年代以后，随着国家大规模经济建设的进行，田野考古勘探、调查和科学发掘工作在全国范围内蓬勃有序地开展，许多重要的典型遗址和墓地被揭露出来，重大发现举世瞩目。它们脉络清晰，层位分明，文化相连，不仅弥补了某些地域上的空白，而且衔接了年代上的缺环，为研究中国古代史、文化史、科学史以及其他学科领域，提供了珍贵、丰富的实物资料，极大地影响着人文社会科学诸多学科专业的研究与发展。这段时间被学术界称为中国考古学的黄金时代。在马列主义理论指导下，具有中国特色的考古学理论体系和方法论逐渐形成。有关研究成果不仅极大地改变和丰富了人们对中国文明起源、中国古史发展等重大问题的认识，同时也扩展了中国文物的研究领域和研究方式。可以说，考古学的发展与进步，直接影响到文物学的形成与发展，而且影响到全社会对文化遗产重要作用的认识以及世界学术界对中国古代文明的重新认识。

从 20 世纪 80 年代开始，文物界就中国文物学的创立，逐渐取得共识，在共同探讨的基础上，初步形成了学科体系。不少学者发表了有关论文，出版了专著，就文物的历史价值、科学价值、艺术价值以及在社会主义的物质文明与精神文明建设中如何对文物进行有效保护、合理利用发表意见。这些研究成果已获得学术界的赞同。

在这世纪之交和千年更替之际，对中国考古学和中国文物事业作一次世纪性的回顾和反思，给予科学的总结，是许多学者正在思考和研究的问题。如果能通过梳理 20 世纪以来重大发现和研究成果，透视学科自身成长的历程，从而展望未来发展的方向，以激励后来者继续攀登科学高峰，无疑是一件很有意义的事。为此，经过酝酿、商讨和广泛征求意见，我们约请一批学者（其中有相当多的中青年学者）就自己的专长选择一个专题，独立成篇，由文物出版社编辑出版一套《20 世纪中国文物考古发现与研究丛书》，并以此作为向新世纪的献礼。

从某种意义上说，《20 世纪中国文物考古发现与研究丛书》是一套学科发展史和学术研究史丛书。其内容包括对 20 世纪考古与文物工作概况的综合阐述；对一些重要的考古学文化和古代区域文化研究情况的叙述；对文物考古的专题研究；对重要的文物考古发现、发掘及研究的个例纪实。

此套丛书的内容面广，而且彼此关联。考虑到各选题在某些内容上难免会有重叠或复述，因此在编撰之初，我们要求各选题之间互有侧重，彼此补充，以期为读者了解 20 世纪中国考古学和文物学的发展提供更多的视角。

我国的文物与考古工作，虽在 20 世纪得到了迅速发展，但仍有许多重大学术问题需要进一步探索。我们主持编辑这套丛书，除了强调材料真实，考释有据，写作态度严谨求实外，也不回避以往在工作或研究上曾经产生的纰漏差错和不足之处，以便为今后的工作和研究提供借鉴。虽然我们尽了很大努力，但限于水平，各篇仍很难整齐划一。由于组稿和作者方面的困难和变化，一些计划之中的题目也未能成书。这些不周之处，敬请专家、学者和广大读者批评指正。

在丛书编印过程中，我们得到了文物、考古界的广泛支持。何东先生在出版经费上给予了热情帮助。在此，一并深表感谢。

2000 年 6 月于北京

目　　录

插 图 目 录

前言

　　裴李岗文化是20世纪70年代后期在河南省新郑县裴李岗遗址的发掘中发现的。在裴李岗遗址发掘之前，河北省武安县发现了磁山遗址，并做了发掘。对于这两个遗址的发掘资料，考古学界经过研究后，认为它们都属于新石器时代早期文化。裴李岗文化和磁山文化的发现，是20世纪中原地区新石器时代考古所取得的重大发现之一。它揭开了中原地区新石器时代早期文化的帷幕，从而使这一地区的新石器时代早期的考古工作取得了突破。

　　地处黄河中游的中原大地，是中华民族文化和文明的重要发祥地。在广阔的中原地区，地下埋藏着极为丰富的远古时代的物质文化遗存，因此这一地区是新石器时代考古的重点地区。

　　中原地区的新石器时代考古开展很早。早在20世纪20年代初，瑞典的考古学家安特生就曾经在中原大地展开考古调查，在河南渑池县仰韶村发现了新石器时代遗址，经过发掘之后，发现了丰富的文物遗存，并将它命名为仰韶文化。这一发现，揭开了中原地区的新石器时代文化的帷幕，同时也开创了我国新石器时代考古的研究。

　　20世纪30年代初，继仰韶文化发现之后，中原地区的新石器时代考古又取得了新的进展。当时，我国学者在河南安阳后岗遗址发现小屯殷商文化、龙山文化和仰韶文化上下相叠的地层堆积，由此揭示出中原地区不仅有仰韶文化分布，而且还有年代晚于仰韶文化的龙山文化分布，从而使中原地区的新石器时代考古又一次取得新的重大进展。龙山文化是 1928 年在山东省章丘县龙山镇城子崖遗址首次发现的，由此而得名。在安阳后岗遗址发现的龙山文化，面貌特征与山东的龙山文化相似，但亦有区别，故后来有河南龙山文化之称。

新中国建立之后，我国的考古事业蓬勃发展。中原地区发现的新石器时代遗址数以千计，发掘出的文化遗存亦极为丰富，取得了巨大的收获。这些收获使我们进一步了解到中原地区的新石器时代遗址有广泛的分布，同时对这一地区的新石器文化内涵和文化面貌特征亦获得了比较全面和深刻的认识。它积累起大批的考古资料，使我国原始氏族社会历史的研究进一步充实了。

但是，从 20 年代初和 30 年代初先后发现仰韶文化和龙山文化到 70 年代后期的几十年间，中原地区的新石器时代考古虽然取得了巨大的收获，可是并没有取得突破性的进展。无论是发现的新遗址还是发掘出的新遗存，都没有超出仰韶文化和龙山文化的范畴，只是发现不少新的文化类型而已。而这些遗存都属新石器时代中、晚期遗存，新石器时代早期遗存则一直没有被发现。

不过，需要说明的是，在 50 年代末 60 年代初的调查发掘中，也曾经取得了一点新的进展。这就是在陕西关中地区，曾经在华县老官台、元君庙和宝鸡北首岭及西乡李家村发现有年代早于西安半坡类型仰韶文化的遗存，但由于发掘资料太少，无法作深入的研究，因而对这类文化遗存没有形成足够的认识，并未意识到它有可能是属于新石器时代早期遗存。有的学者虽然提出应该把这类遗存同半坡类型仰韶文化加以区别，但也有学者把它归属于仰韶文化范畴，定为仰韶早期遗存。正因为如此，新石器时代早期文化在中原地区就一直成为缺环和空白，直到 20 世纪 70 年代后期裴李岗文化和磁山文化发现之后，这一缺环和空白才得到填补。

当磁山和裴李岗遗址发掘之后，考古学界即对这两处遗址发现的文化遗存进行研究，认为这两处遗址的发掘材料新颖，文化面貌特征鲜明，很富有特色，与仰韶文化有显著的区别，因此把它作为一种独立的考古学文化予以命名，并确定其时代应属新石器时代早期偏晚阶段。由于裴李岗和磁山文化的发现，使中原地区的新石器时代考古，继仰韶文化和龙山文化之后又一次取得了突破性的进展。这一新进展，填补了中原新石器时代早期文化的一段空白和缺环，同时也开创了我国新石器时代早期文化研究的先河。

裴李岗和磁山文化的发现，亦使考古学界对 20 世纪 50 年代末 60 年代初在陕西关中地区发现的早于半坡类型仰韶文化的遗存产生了新的认识。有的学者通过对裴李岗和磁山文化的研究，对关中地区早于仰韶文化半坡类型的遗存提出了老官台文化的命名，并认为它与裴李岗和磁山文化的发展阶段相同。中原地区 20 世纪所发现的新石器时代文化，构成早、中、晚三个发展阶段，裴李岗文化、磁山文化和老官台文化属新石器时代早期阶段，仰韶文化属新石器时代中期阶段，河南龙山文化属新石器时代晚期阶段。中原地区新石器时代文化发展的谱系初步建立起来。

自裴李岗文化和磁山文化发现至今，已有 20 多年了。这期间考古学界对这两种文化和老官台文化已进行了深入的研究，研究的问题主要涉及文化关系、文化年代、文化类型、文化源流、社会发展阶段和农业的起源等问题，发表的论文不少。

这期间，全国各地也相继发现了一些新石器时代早期文化遗存。从 20 世纪 80 年代开始，在各地发现的新石器时代早期文化中，主要有山东淄博后李官庄遗址发现的遗存，有人把它称为后李文化，内蒙古赤峰市敖汉旗兴隆洼遗址发现的兴隆洼文化，湖南澧县彭头山遗址发现的彭头山文化。这样，在我国境内 20 世纪发现的新石器时代早期文化中，不仅在中原，而且在黄河下游以及北方和南方地区都有发现，其中以中原地区发现的遗存比较丰富。因此，在 20 世纪中，我国的新石器时代早期的考古研究，可以说已取得了令人瞩目的成就。

《裴李岗文化》一书除裴李岗文化外，同时还涉及它与磁山文化和老官台文化的关系问题，其他地区发现的新石器时代早期文化则未涉及。做这样的安排，主要是因为裴李岗文化的发掘资料比较丰富，涉及的研究问题多一些，因此，以裴李岗文化为主线，对反映 20 世纪我国新石器时代早期考古所取得的成就，可以说是有代表性的。

由于本人水平有限，学识浅薄，因此本书难免出现错误，希望同仁予以指正。书中的线图均由翁晓云绘制，照片则由河南省文物研究所和河南博物院提供，在此表示衷心感谢。

一 裴李岗文化的发现及其意义

　　裴李岗文化是 20 世纪 70 年代后期发现的。这一文化有其一定的分布范围，亦有其一定的内涵，文化面貌有鲜明的特征，因此在它发现之后不久，就被作为一种独立的考古学文化予以命名，并最终被确认为属于新石器时代早期的考古学文化。它对研究中原地区新石器文化的发展史有着重大的意义。

（一）裴李岗文化的发现与分布

　　裴李岗文化是 1977 年在河南省新郑县裴李岗遗址的试掘后发现的。该年是十年动乱结束后的第一年。在十年动乱中，考古调查发掘工作已处于停顿状态，粉碎"四人帮"之后，迎来了科学的春天，于是田野考古工作开始恢复。裴李岗遗址的试掘，就是在科学的春天到来时展开的。

　　裴李岗遗址位于新郑县城西北约 7.5 公里的裴李岗村西地（图一）。该遗址内含的新石器文化遗存，在 20 世纪 50 年代中期就有所发现。当时，村民们在从事农业耕作过程中曾挖出一些石器，1965 年还挖出石磨盘、石磨棒和石斧、石铲之类石器。其中石磨盘和磨棒的制作非常精致，在当时已知的仰韶文化和龙山文化遗存中都未见到过此类遗物，因此引起文物管理部门的重视。此后对裴李岗遗址进行过多次调查，但都未采集到陶器，因此对石磨盘、磨棒的时代一直未能获得明确的认

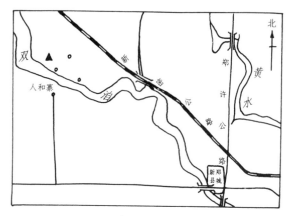

图一　裴李岗遗址位置示意图

识，只根据石斧、石铲判断，大致认为它可能是属新石器时代遗存。1972年2月29日《河南日报》曾发表有一篇介绍河南出土的历史文物的文章，其中刊登了裴李岗出土的石磨盘照片，把它定为新石器时代遗物。

1976年12月，开封地区文物管理委员会为配合新郑县大规模平整土地，组织了抢救文物的发掘工作，首先在新郑唐户遗址进行抢救性发掘。当时组织的人员，包括开封地区文管会的崔耕、新郑县文物保管所的薛文灿、河南省文物工作队的赵世纲、密县文物保管所的魏殿臣以及郑州大学历史系考古专业教师李友谋等。

1977年4月，就在我们对唐户遗址的发掘资料进行整理时，裴李岗村的村民，把他们在平整土地时挖出的人骨以及石磨盘、磨棒和陶器送交新郑县文物保管所，并要求派人到现场收集已挖出的文物。当时，我们看到送来的人骨是人的肢骨，上面还裹有一层料礓石质，陶器则有红陶小口双耳壶和三足钵，而裹有料礓石质的人骨与石磨盘、磨棒和小口双耳壶、三足钵这类陶器同出于裴李岗遗址，即感到该遗址的重要，这有助于确定石磨盘、磨棒的时代。于是，我们大家即于次日奔赴裴李岗遗址。经过现场了解，得知人骨和石磨盘同出于一个地点，在该地点作初步清理时，又看到了人头骨，因此初步认定石磨盘、磨棒有可能是墓葬中的随葬品。同时，还收集到一些陶器，并看到有不少陶片出土，这引起大家的重视。崔耕和薛文灿当即要求正在进行的平整土地立即停止，决定进行抢救性发掘。

1977 年 4 月 8 日，配合平整土地的试掘开始。从 4 月 8 日到 21 日，试掘工作进行了 13 天，共开挖了 5 条探沟，清理灰坑 3 个、墓葬 8 座，并获得了一些石器和陶器等遗物，取得了一定的收获。我们由此认识到裴李岗遗址是新石器时代的一处重要遗址，也初步了解到该遗址的新石器文化与已知的仰韶文化和龙山文化面貌有所不同。

试掘工作结束后，便立即进行资料整理。在整理资料时，我们注意到裴李岗遗址所出的陶器全部是红陶，并未发现一片彩陶。在已获的陶器中，除小口双耳壶和圜底钵在仰韶文化中有发现外，乳丁纹鼎、三足钵、侈口深腹罐和乳丁纹筒状深腹罐在仰韶文化中都未见，尤其是墓葬中随葬精致的四足石磨盘和磨棒的现象亦是仰韶文化中所未见。采集的陶片陶质松软，火候很低，手捏即碎。因此我们感到裴李岗遗址内含的新石器文化遗存与仰韶文化有别，其年代应早于仰韶文化，认定该遗址是新石器时代的重要遗址。

当资料整理工作结束，并写出了试掘简报之后，开封地区文管会的崔耕、新郑县文物保管所的薛文灿和笔者即带着石器和陶器标本，到河南省文化局文物处向傅月华处长进行汇报。

他听了汇报并看了标本之后非常重视这一新发现，建议我们到北京向有关专家请教。于是，我们即带着标本启程赴京，到中国社会科学院考古研究所，分别向安志敏先生、夏鼐所长和苏秉琦先生作了汇报。他们听了汇报和看过标本后，一致认为这是重要发现，并建议进行正式发掘，进一步弄清楚裴李岗遗址的内涵和文化面貌。苏秉琦先生还明确指出裴李岗遗址的文化年代应早于仰韶文化，距今至少在 7000 年以上。为此，他特地致函河南省文化局文物处傅月华处长，希望他重视这一新发现，进一步做好发掘工作。

通过向河南省文物主管部门和中国社会科学院考古研究所专家们的汇报，大家都为有关领导和专家们对裴李岗遗址试掘工作的重视感到鼓舞。开封地区文管会和新郑县文物保管所的负责同志即决定再做发掘，于 1978 年 4 月对裴李岗遗址做正式发掘，又发现比较丰富的文化遗存。1979 年，中国社会科学院考古研究所又进行了较大规模的发掘，在春秋两季进行的发掘中，基本上把裴李岗遗址做了全面的揭露，发现的文化遗存更为丰富，从而对裴李岗遗址的内涵和文化面貌获得了全面的了解和认识。

裴李岗遗址的新石器时代文化，实际上早就展现在人们面前，只是相见不相识，不知它到底是属于新石器时代哪一个发展阶段的文化遗存。通过 1977 年对裴李岗遗址的试掘，这才认识其"庐山真面目"。裴李岗文化的发现，与裴李岗村村民对文物保护的强烈的责任感有关。可以设想，如果没有当地村民向县文物保护管理部门的报告，裴李岗遗址就很有可能在平整土地中消失，裴李岗文化也许到现在还不为人知。从这一意义上说，裴李岗村民对裴李岗文化的发现实在是功不可没的。

裴李岗遗址的发掘，使这一新石器时代早期文化得以揭示，这就为开展新石器时代早期考古打下了基础。此后，在河南各地的调查中，便陆续发现这类文化遗址，裴李岗文化遗存也就有如雨后春笋，在中州大地显露出来。通过调查又陆续在新郑、密县、巩义、郑州、登封、荥阳、中牟、尉氏、长葛、鄢陵、项城、许昌、郏县、汝州、叶县、漯河、舞阳、潢川、孟津、渑池、嵩县、卢氏、方城、辉县、济源、林州、淇县和濮阳等市县发现了裴李岗文化遗存，其分布范围包括豫中、豫南、豫西和豫北地区，共发现遗址大约 120 处。发现遗址较多的是豫中地区。

经过试掘和发掘的遗址有新郑裴李岗、沙窝李、唐户、密县莪沟、马良沟，巩义铁生沟、水地河、瓦窑嘴以及长葛石固、许昌丁庄、舞阳贾湖、郏县水泉、汝州中山寨、孟津妯娌、渑池班村、方城大张、辉县孟庄、淇县花窝等遗址。

从调查和发掘的遗址来看，裴李岗文化遗址的内涵有三种情况：一种内涵是单纯的裴李岗文化，这类遗址不少，包括新郑裴李岗、沙窝李，密县莪沟、马良沟，巩义铁生沟、瓦窑嘴和郏县水泉、舞阳贾湖、辉县孟庄、淇县花窝等遗址；另一种内涵包括裴李岗文化和仰韶文化遗存，这类遗址有长葛石固、汝州中山寨、孟津妯娌、渑池班村、登封东岗岭、巩义赵城等遗址；还有一类内涵则包括裴李岗文化、仰韶文化和龙山文化遗存，这类遗址有新郑唐户、登封王城岗等遗址。内涵只有裴李岗文化的遗址，面积都不大，新郑裴李岗遗址的面积约 2 万平方米，沙窝李遗址的面积约 1 万平方米，莪沟遗址的面积约

8000 平方米。较大的是舞阳贾湖遗址，其面积达 5.5 万平方米，是面积最大的遗址。内涵有裴李岗文化和仰韶文化遗存的遗址都在 10 万平方米以上，长葛石固遗址的面积约 10 万平方米，汝州中山寨遗址的面积有 15 万平方米。

　　裴李岗文化遗址一般分布在高台近水和向阳的地理位置。裴李岗遗址地处嵩山东麓，附近有双洎河，遗址处于双洎河湾中部的岗地上，高出岗地表面 3～4 米，高出河床约 25 米。沙窝李遗址位于新郑县北约 35 公里，在沙窝李村西北的岗地上，遗址附近有十八里河，岗地亦是在十八里河的转弯处，高出河床约 20 米。莪沟遗址位于密县南约 8 公里，地处绥水和洧水交汇的三角地带，在莪沟村的岗地上，高出洧水河床约 70 米。石固遗址位于长葛县西南约 12.5 公里（图二），地处伏牛山余脉，南近石梁河，北临小淇河故道，遗址位于两河交汇处的西

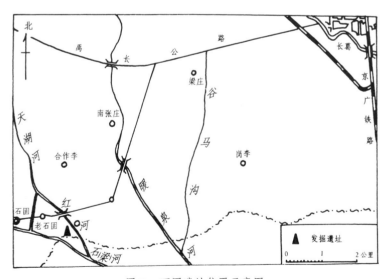

图二　石固遗址位置示意图

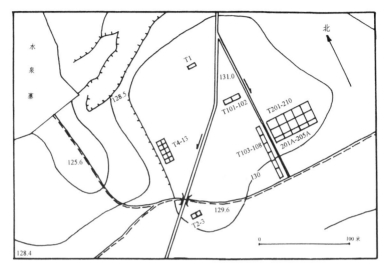

图三 水泉遗址地形及探方分布平面图

北。水泉遗址位于郏县东北 16 公里水泉村东的岗地（图三），村东和村南是丘陵，村西是大刘山，村北是鬲山和康王山，兰河支流在北面自西向东流过，与北面主流汇合流入汝河。岗地在兰河南岸的高台地上，高出河床约 40 米。这些遗址可以说都有相似的地理环境。

　　但是，舞阳贾湖遗址的地理环境则不同，它位于舞阳县城北 22 公里的北舞镇贾湖村东，地处黄淮大平原。但该遗址亦近河，灰河从遗址东北 3 公里处注入沙河，遗址西北距沙河与北汝河交汇处约 10 公里。

　　从各遗址的地理位置来看，河南省北部的裴李岗文化遗址主要分布在近河流的丘陵岗地，河南省南部的遗址则分布在近河的平原地区。

（二）裴李岗文化的命名

裴李岗文化是新石器时代的一种考古学文化，有一定的内涵，亦有一定的分布范围，因此具备了考古学文化命名的条件。

考古学文化有特定的含义，文化命名亦有一定的条件。对于考古学文化的含义和命名的条件问题，已故的我国著名考古学家夏鼐先生曾有过论述。对于考古学文化的含义问题，他说："考古学上的'文化'，是表示考古学遗迹中（尤其是原始社会的遗迹中），所观察到的共同体。……具体地举例来讲，我们在考古工作中，发现某几种特定类型的陶器和某类型的石斧和石刀以及某类型的骨器和装饰品，经常地在某一类型的墓葬（或某一类型的住宅遗址）中共同出土。这样一群特定类型的东西合在一起，我们叫它为一种'文化'。"对于考古学文化命名的条件问题，夏鼐先生主要提出了三点。

第一点是："一种'文化'必须有一群的特征。像英国的进步的考古学家柴尔德所说的：一种文化必须是有一群有明确的特征的类型品。这些类型品是经常地、独有地共同伴出。"

第二点是："共同伴出的这一群类型，最好是发现不止一处。换言之，不仅在一个墓地中几个墓葬内，或一个居住址中几座住宅内发现，而是在不同的墓地和居住址中都发现过它们在一起的。如果一种文化确是代表一个族的共同体，它的分布决不会限于一个墓地或一处居住址。"

第三点是："我们必须对于这一文化的内容有相当充分的认识。换言之，在所发现的属于这一文化的居住址或墓地中，必须至少有一处做过比较全面的深入的研究，以便了解这一文化的内容。"[1]

据笔者所理解，考古学文化命名的三个条件，简言之，一是它必须有一群具有鲜明特征的器物群；二是这一群有共同特征的器物，有其一定的分布范围，而不是孤立存在的；三是对内含这一器物群的遗址，必须经过发掘研究，在文化内容上有比较全面的了解和认识。从这三个方面衡量，裴李岗文化是完全具备命名条件的。裴李岗遗址已经过正式发掘，它有一群特征鲜明的石器和陶器，而且这类文化遗存亦有一定的分布范围，因此具有代表性。

裴李岗文化的命名经历了一个发展的过程，而且曾经有过不同的意见。

最初，有的学者把河南新郑和河北武安磁山遗址的发掘材料结合起来，提出了磁山文化的命名。在裴李岗遗址发掘之前，磁山遗址已进行了发掘，这两个遗址的发掘材料，亦是前后发表。在磁山和裴李岗遗址的发掘材料发表之后，北京大学教授、著名的考古学家严文明先生，对磁山和裴李岗这两个遗址所发现的新石器时代文化进行比较研究后，认为磁山和裴李岗遗址的文化面貌基本相同，因此认为两者属于同一种文化。

他认为："裴李岗的器物特征与磁山大同小异。陶器的质地、火候、颜色和制法可以说是基本上与磁山相同，但器形比较简单，有圜底钵、圜底钵形鼎、小口双耳壶和夹砂罐四类，都是磁山遗址中比较普遍的器物，只是在形制上稍有差异。裴李岗也有磁山那样的乳丁纹、划纹、指甲纹和箆纹，包括连折弧形和平行线形的在内。但磁山有许多因素不见于裴李岗，如盂、豆、盘、支座和浅绳纹等。……比较两地的石器，也可看出基本相同或相似的情况。石器制法几乎完全相同，磨制不精，没有穿孔。主要器形也基本相同，都有舌形石铲、剖面椭圆形的石斧和鞋底形面常有三四个乳突状足的石磨盘等，但裴李岗的镰形石刀是磁山所不见的。"

根据裴李岗的文化面貌与磁山基本相同，以及两者"共同的时期、共同的地域和共同的文化面貌把它们联系在一起"，严文明先生提出应该把它们划为一个考古学文化，并建议称为"磁山文化"[2]。

在磁山和裴李岗遗址的发掘材料公布后，著名的考古学家夏鼐也对这类新石器文化提出了命名。他在 1979 年著文论述新中国建立后 30 年来中国考古学所取得的成就时说："最引人注意的是 70 年代中发现的早期新石器文化：在黄河流域中游有比仰韶更早的磁山、裴李岗文化。"[3] 这种说法，虽然与磁山文化的说法有所不同，但基本上亦是将磁山和裴李岗遗址的文化遗存归属于同一种考古学文化。

此外，也有人提出把裴李岗和磁山遗址发现的新石器时代文化遗存命名为裴李岗文化的意见。

有的学者认为，裴李岗和磁山遗址出土的器物种类、形制和纹饰都比较接近，但也有所不同。两者的石器都有斧、铲和石磨盘、磨棒，磁山则没有镰，陶器都有三足钵、小口双耳壶、深腹罐、碗、钵几种，只是磁山有盂、支架、杯、盘、豆、篦等器物，裴李岗则没有。纹饰上两者都有篦纹。通过对遗物的比较，认为裴李岗和磁山遗址的新石器时代遗存丰富，文化面貌特征有共性，亦有差异。共性是主要的，说明它们属于同一种文化，差异性则说明它们是不同时期的文化遗存。从整个文化面貌上看，磁山的文化比裴李岗的文化进步。从^{14}C

测定的年代看，磁山遗址的年代也晚于裴李岗遗址的年代。据此认为，裴李岗遗址和磁山遗址的文化遗存属于同一种文化的两个不同类型，提出裴李岗文化的命名和裴李岗与磁山两种类型的意见[4]。

上述意见，都是在裴李岗遗址只经过试掘，取得的材料还不丰富的情况下提出来的，因此当时裴李岗文化的命名条件似乎还不完全具备。最根本的问题是，当时对这类文化遗存还未进行调查，还不知道它的分布情况。

1978 年又对裴李岗遗址作了较大规模的发掘。这次发掘的范围包括墓地和居住遗址，发现的遗存更为丰富。发现墓葬 24 座和部分灰坑，并发现陶窑，出土的遗物有较多的石器和陶器，从而进一步认识到裴李岗遗址的内涵比较丰富，而且对其文化面貌的认识亦更加清楚。

与此同时，开封地区文管会还在新郑、密县、登封、巩县等地进行初步调查，又发现这类遗址 10 多处。此外，别的地区亦发现有这类文化遗址和遗存。到 20 世纪 70 年代末，在河南境内发现裴李岗文化遗存的地点，就包括新郑、密县、登封、巩县、中牟、长葛、郏县、郑州和潢川等县市，考古工作者因而认识到这类文化遗存有其一定的分布范围，把以新郑裴李岗遗址为代表的一类新石器文化作为一种独立的考古学文化予以命名的条件已经具备。

1979 年，李友谋和陈旭根据裴李岗遗址 1977 年的试掘和 1978 年的发掘材料以及各地调查所得的资料，进行了综合研究，撰写了《试论裴李岗文化》一文。该文认为裴李岗遗址的发掘材料新颖，而且有其鲜明而独特的文化特征，文化面貌亦比较原始，其文化年代早于仰韶文化，而且它与磁山遗址的文化面貌亦有明显的差异，认定裴李岗遗址的新石器文化遗存有代表性，因此提出了"裴李岗文化"的命名。这篇文章还对裴李岗文化与其他相关的新石器文化的关系作了探讨，尤其是对裴李岗和磁山遗址的文化遗存进行了比较分析，认为两者的文化内涵既有共同的因素和特征，亦有差异，而且差异性还比较突出，因此提出两者不是同一种文化，而是两种不同的文化。由于两者的地域相邻，文化年代亦比较接近，因此在各自的发展过程中，由文化上的互相交流、互相影响和互相融合而产生了一些文化因素和文化特征方面的共性，这种可能性是比较大的[5]。

同年，著名的考古学家安志敏先生对裴李岗和磁山遗址发现的新石器文化亦发表了意见。他认为："从文化遗物的性质上观察，裴李岗和磁山颇有共同之处。石器中的石磨盘为中原地区所罕见，而带足者尤为特殊；两端圆弧刃的长条形石铲也具有突出的特征；都有石镰的存在，说明两地的共性是相当显著的。陶器的原料、制法、火候和纹饰比较一致，甚至中原地区相当罕见的篦点纹，两个遗址也都有发现。尽管常见的器形有所不同，但是两者的双耳壶、大口深腹罐毕竟是属于同一类器物，特别是圜底钵、三足钵、假圈足碗和鼎等也基本一致。……但是，不同之处也比较显著。如典型遗物的石磨盘和石铲，在形制上就有很大的区别。裴李岗的石器制作更为精致，带齿刃的镰、扁平规整的斧均不见于磁山；而所谓敲砸器和锤，则不见于裴李岗。像磁山那种以盂和支架为代表的陶器群，全然不见于裴李岗，同时磁山陶器上较常见的细绳纹，个别的彩陶，在裴李岗则绝无存在。"通过比较分析，安志敏先生最后指出："裴李岗和磁山两个遗址的文化性质是相互接近的，可能由于分布地域或年代的不同，也就呈现了各自的特征。但是，它们究竟是代表同一个文化的不同发展阶段，还是分属于不同的文化系统，目前尚不清楚。……在现有资料的基础上，作者倾向于暂时分别命名裴李岗文化和磁山文化以资区别。"[6]

其后，河南研究新石器文化的前辈许顺湛先生，亦将裴李岗遗址为代表的新石器文化命名为裴李岗文化。他说："1977年在新郑县裴李岗遗址发现的裴李岗文化是一种新型文化，不仅文化面貌独具风格，而且是中原地区各类新石器时代文化中，年代最早，独占鳌头。……裴李岗文化根本无法归属到任何一种文化系统，它有自己的体系，自己的风格，自己的分布范围，因此说把它命名裴李岗文化是当之无愧的。"对于磁山遗址的文化遗存，许顺湛先生则认为它与裴李岗文化实在太接近了，它简直就像裴李岗文化晚期的一个阶段，把磁山遗址视为属于裴李岗文化晚期的一个类型是有道理的[7]。

总之，考古学界对裴李岗文化的研究，是随着发掘和调查资料的不断丰富而逐步深入的。最初，由于发掘调查资料少，因此多把河南新郑裴李岗和河北武安磁山遗址的发掘材料结合起来进行研究，并根据两者都有共同的因素和文化特征而把两者视为同一种文化，或称磁山文化，或称磁山·裴李岗文化，或称裴李岗文化。其后，由于裴李岗文化的发掘调查资料增多，因此对这类文化遗存的认识进一步加深，于是又把以裴李岗遗址为代表的遗存作为一种独立的考古学文化命名，称裴李岗文化，而把磁山遗址为代表的遗存命名为磁山文化。现在，考古学界对磁山和裴李岗遗址内含的新石器文化遗存，仍然有磁山文化或磁山·裴李岗文化之称，亦有人将两者分别称为裴李岗文化和磁山文化。尽管如此，裴李岗文化作为新石器时代早期的一种考古学文化的命名，可以说已获得考古学界的认同。

（三）裴李岗文化发现的意义

裴李岗文化的发现，填补了中原地区新石器时代早期文化的空白和缺环，丰富了我国新石器时代文化和氏族社会历史的研究，因此具有重要的意义。

一，裴李岗文化的发现，填补了中原新石器时代早期文化的空白。

中原地区的新石器时代考古开展得很早，早在20世纪20年代初，在中原地区就展开了考古调查和发掘工作。1921年，瑞典考古学家安特生首次在河南渑池县仰韶遗址进行发掘，发现了仰韶文化，开创了我国的新石器时代考古工作，从而也揭开了中原新石器时代文化的帷幕。1928年，我国的考古学家吴金鼎先生在山东进行考古调查，又在章丘县（原历城县）龙山镇发现城子崖遗址，经过发掘，发现了龙山文化，使我国的新石器时代考古又取得了新的进展。1931年，我国著名的考古学家梁思永先生对河南安阳后岗遗址进行发掘，发现了小屯殷商文化、龙山文化和仰韶文化上下相叠的地层关系，从而解决了仰韶文化与龙山文化年代早晚的关系，同时也揭示出中原地区亦有龙山文化的分布，使中原地区的新石器时代文化构成了仰韶文化和龙山文化两种不同年代的序列。由于后岗发现的龙山文化遗存与山东的龙山文化面貌有一定的差别，因此后来即把以后岗遗址为代表的龙山遗存称作河南龙山文化。

此后几十年来，在中原地区的新石器时代考古中，虽然不断有新的发现，但几乎都未超出仰韶文化和龙山文化的范畴，属于新石器时代早期的文化一直是空白和缺环。直到 20 世纪 70 年代后期，由于河北武安磁山遗址和河南新郑裴李岗遗址的发掘，发现了新石器时代早期文化，中原地区的新石器时代考古才取得突破。

1979 年，当磁山和裴李岗遗址的发掘资料公布之后，严文明先生即撰写了《黄河流域新石器时代早期文化的新发现》一文，认为磁山和裴李岗遗址的文化遗存属于新石器时代早期文化[8]。

同年，夏鼐先生论述中国考古学在新中国建立之后三十年来取得的成就时亦指出：“新石器时代考古研究……最引人注意的是 70 年代中发现的早期新石器时代文化：在黄河流域中游有比仰韶文化更早的‘磁山·裴李岗文化’；在长江下游有比仰韶文化早期（半坡）同时或开始稍早的河姆渡文化。”[9]

安志敏先生在论述新中国建立三十年来新石器时代考古所取得的成就时则指出：“一直作为缺环的早期新石器遗存，由于裴李岗文化和磁山文化的发现，开始有所突破。”[10]

从上述论述中，可以清楚地看出，对于裴李岗和磁山遗址发现的新石器时代文化，考古学界一致肯定是新石器时代早期文化，而且指出它们填补了中原新石器时代文化中的一段缺环。由此可见裴李岗和磁山新石器时代早期文化的发现在考古学上的重要意义。

二，裴李岗文化的发现，提供了仰韶文化来源研究的新资料。

裴李岗文化和磁山文化的发现，毫无疑问更加充实了中原新石器时代文化的研究。在裴李岗和磁山文化发现之前，中原地区的新石器时代文化只发现了仰韶文化和龙山文化，其中仰韶文化的年代早于龙山文化，距今大约有五六千年。裴李岗文化和磁山文化发现后，中原地区的新石器时代文化提早到距今七八千年，包括了早、中、晚三个发展阶段。

裴李岗和磁山新石器时代中期文化的发现，为研究仰韶文化的来源提供了新的材料。20世纪20年代初，当仰韶文化发现之后，外国学者就对仰韶文化的来源进行了探索。当时，安特生把仰韶文化包含的彩陶与甘肃境内发现的彩陶联系起来，认为仰韶的彩陶来源于甘肃的彩陶，而甘肃的彩陶又是从中亚的彩陶传播来的，仰韶的彩陶是中亚彩陶经新疆和甘肃走廊传播来的，因而臆造出"中国文化西来说"的错误观点。这种观点曾经产生了不良的影响。

迨至20世纪50年代，我国学者通过在河南和甘肃的调查，发现甘肃彩陶的年代晚于仰韶彩陶的年代，从而否定了"中国文化西来说"的错误观点。但仰韶文化的来源问题并未就此获得解决。

20世纪50年代后期和60年代前期，在陕西关中地区的华县老官台、元君庙和宝鸡北首岭、西乡李家村等遗址，先后发现了年代早于半坡类型仰韶文化的遗存，为探索仰韶文化渊源提供了线索。

1964年，夏鼐根据李家村和元君庙、北首岭下层发现的新石器时代文化遗存与仰韶文化有密切的关系，认为这些文化遗存可能是仰韶文化的前身。他说，1960～1961年在陕西西乡李家村的发掘，确定了这里的文化遗存中有它典型的两种陶器——圜底钵和三足器，这两种陶器和李家村其他有特征的陶器在宝鸡北首岭和华县柳子镇元君庙的仰韶遗址中都曾发现过，但都只发现在最早期的墓葬或底下的文化层中。它和典型的仰韶文化有密切的关系，而它所代表的文化可能要早，因此认为它是探索仰韶文化前身的一个可靠的新线索[11]。

对此，苏秉琦亦有同样的认识。1965 年，在他撰写的《关于仰韶文化的若干问题》一文中，就提出应把老官台、元君庙、北首岭和李家村等遗址发现的、早于半坡仰韶文化的遗存和仰韶文化区别开来。他说："以北首岭、元君庙下层等为代表的遗存，应和半坡类型划分开来。……只要略加分析，便可以看出，两遗址的下层文化遗存基本一致，而与其余部分之间风格截然不同，也同整个仰韶文化面貌相异。"他根据"上述北首岭——老官台——元君庙，李家村等遗址间或同一遗址不同层、不同单位之间一些特征器物的变化，和它们同半坡类型仰韶文化遗存的衔接关系等"，认定"它同半坡类型仰韶文化有一定的渊源关系"[12]。

然而，老官台、李家村等遗址的新石器时代文化遗存，虽与半坡类型仰韶文化有渊源关系，甚至可以说，它们的发现解决了半坡类型仰韶文化的来源问题，但并不等于就此解决了整个仰韶文化的来源问题。因为仰韶文化的分布范围广，在陕西、河南、山西和河北都有仰韶文化分布，河洛地区亦是仰韶文化分布的中心区之一。各地区分布的仰韶文化，年代有早晚，文化面貌特征亦有所不同，或多或少都带有地方特点，有不同类型之分。因此，仰韶文化并不都是从半坡类型仰韶文化发展来的，不同地区分布的仰韶文化应有其自身发展的渊源。现在，在仰韶文化分布区内发现的新石器时代早期文化，除分布在河南的裴李岗文化和分布在河北的磁山文化外，分布在陕西关中地区的老官台文化亦接近于裴李岗文化和磁山文化的年代，也属新石器时代早期遗存。这样，在仰韶文化分布区内的新石器时代早期文化就有三种文化，它们与仰韶文化分布于同一区域，这无疑都与仰韶文化有渊源关系。所以，裴李岗文化和磁山文化的发现，就为研究仰韶文化的来源问题提供了新的资料。

三，裴李岗文化的发现，为中原地区的文化发展史研究也提供了新资料。

在裴李岗文化中包含有不少文化因素和内容，它为研究我国的文化发展史提供了很有价值的新资料。例如，裴李岗文化中有不少制作精美的农业生产工具，而且还发现炭化稻，这对研究我国农业的起源和水稻的起源提供了新的资料；裴李岗文化中有不少陶器，还发现有纺轮，对研究我国陶器的起源和纺织的起源亦是新资料；裴李岗文化中发现的猪、羊、狗之类的家畜遗骨，对研究我国家畜的起源是新资料；裴李岗文化墓葬中的随葬品，包括生产工具、生活用具和装饰品，对研究私有财产的起源亦是重要资料。有的墓中还随葬有龟甲，龟甲内均装有数量不等的小石子，很可能是巫具，这对研究巫术的起源是重要资料。裴李岗文化中还发现有制作精工的骨笛，这是研究乐器起源的最新资料。总之，这些遗存都是研究中华民族文化发展史的重要资料。

四，裴李岗文化的发现对研究氏族社会的历史具有重要意义。

新石器时代考古，是调查发掘原始社会的物质文化资料，并通过物质文化的研究，进一步研究和了解原始氏族社会的历史。对于距今约五六千年的氏族社会，我们通过各地发现的新石器时代晚期文化，已有了一定的了解，更早的历史则了解不多。裴李岗文化是目前在我国发现的内容最为丰富的新石器时代早期文化，已发现不少的建筑遗迹和比较丰富的遗物，尤其是有一批墓葬的发现，且有一定的葬式葬俗。从裴李岗文化的内容中，大体上可以了解到我国早期氏族社会的一些情况，包括当时的经济生产状况、生活状况和社会状况等，从而使我们对氏族社会早期的历史获得一定的认识。因此，裴李岗文化的发现，对研究我国氏族社会的历史无疑亦有其重要意义。

注　释

［1］夏鼐《关于考古学上文化的定名问题》，《考古》1959 年第 4 期。

［2］严文明《黄河流域新石器时代早期文化的新发现》，《考古》1979 年第 1 期。

［3］夏鼐《三十年来的中国考古学》，《考古》1979 年第 5 期。

［4］陈旭《仰韶文化渊源探索》，《郑州大学学报》1978 年第 4 期。

［5］李友谋、陈旭《试论裴李岗文化》，《考古》1979 年第 4 期。

［6］安志敏《裴李岗、磁山和仰韶——试论中原新石器文化的渊源及发展》，《考古》1979 年第 4 期。

［7］许顺湛《试论裴李岗文化》，《河南文博通讯》1980 年第 1 期。

［8］同［2］。

［9］同［3］。

［10］安志敏《略论三十年来我国新石器时代考古》，《考古》1979 年第 5 期。

［11］夏鼐《我国近五年来的考古新收获》，《考古》1964 年第 4 期。

［12］苏秉琦《关于仰韶文化的若干问题》，《苏秉琦考古学论述选集》第 162 页，文物出版社 1984 年版。

二　裴李岗文化的内涵和特征

裴李岗文化有其一定的内涵，亦有鲜明的独具特色的文化特征。这类文化遗址，包括聚居的村落遗址和墓地。聚落遗址内发现有房基、灰坑、陶窑，墓地内则发现了不少墓葬。但各遗址内含的文化遗存有的比较丰富，有的则不丰富。各遗址的文化面貌特征既有明显的共性，亦有一定的差异。

（一）裴李岗文化遗址的基本内涵

裴李岗文化遗址经过发掘的并不多。多数遗址只经过试掘，只有少数遗址做了正式发掘。在已经做过发掘的遗址中，除个别遗址外，发掘面积都不大，只有个别遗址的发掘面积较大。遗址发掘面积的大小，与遗址内含的文化遗存丰富程度相关。经过较大规模发掘的遗址，一般内涵比较丰富，因此作了多次发掘。

从经过试掘和发掘的遗址来看，裴李岗文化遗址内发现的文化遗存主要有房基、灰坑、窖穴、陶窑，有的遗址还发现壕沟和埋动物的坑。墓地内都有不少墓葬发现。出土的遗物主要有石器、陶器、骨器之类的生产工具和生活用具，有的遗址还有少量的牙器、蚌器及绿松石饰。各遗址亦都有动物遗骨和果核之类遗存出土，个别遗址还有炭化的稻谷遗存。

裴李岗文化遗址的文化堆积有薄有厚。文化堆积层薄者不足 1 米,厚者有 1 米多,最厚者有 2 米多。文化堆积层薄者,未区分出不同的堆积层次,厚者多区分有不同的堆积层,有的只区分出上下两层,有的则区分出三层,有的在各层次中还区分有 A、B 层。

发现有房基的遗址只有 4 处。有的只发现 1 座,有的发现 3 座,有的发现 6 座,最多的有几十座,差距较大。

灰坑和窖穴在各遗址都有发现,数量不等。只经过试掘的遗址,一般只发现一两个灰坑。经过正式发掘的遗址,发现的灰坑和窖穴少者 20 多个,多者有 100 多个,最多的有几百个,差距亦较大。

陶窑亦只有几处遗址有发现。数量少者一座或二三座,多者有 10 座左右。

墓地在几处遗址中有发现。各遗址的墓地有大有小,小的墓地只清理出几十座墓,较大的墓地则清理出 100 多座墓,最大的墓地清理出几百座墓。此外,有的遗址亦有一些墓葬发现。

各遗址出土的遗物,都有石器、陶器和骨器之类的生产工具和生活用具,但出土的数量和种类则有一定的差别。有的遗址有一定数量的石器和陶器,但骨器较少。有的遗址则有较多的石器、陶器和骨器出土,而且还有牙、角器。蚌器在一些遗址中有出土,但不多见。绿松石饰亦只在一些墓葬中有发现。动物遗骨和果核在各遗址都有出土,但有数量种类的差别,多数遗址出土不多,个别遗址有较多的发现。

各遗址出土的石器,都有打制石器和磨制石器两类。打制石器很少,多数只有一些小石片,有的亦有石核和较大的石片。磨制石器较多,种类包括石斧、石铲、石镰、石刀、石磨盘、石磨棒、石锛、石凿、磨石、石球和石矛等。但是,各遗址出土的磨制石器种类有所不同，有的遗址常见的石器只有斧、铲、镰和磨盘、磨棒之类的农业工具，石锛、石凿之类手工业工具不见或罕见。有的遗址出土的石器有农具、手工业工具和狩猎工具，种类较全。个别遗址还有石纺轮出土。

各遗址出土的陶器，数量和器类亦有别。多数遗址出土的陶器，主要是夹砂和泥质红陶，灰陶少见。少数遗址出土的陶器，亦以夹砂和泥质红陶为主，但有较多的灰陶，有的还有一些黑陶。器物种类主要有鼎、罐、壶、钵、碗、盘、勺、杯、豆之类的炊具和饮食器皿，其中罐、壶、钵、碗在各遗址都有出土，而且数量亦较多，鼎、盆、勺、盘、杯、豆之类器物，有的遗址有出土，有的则未见。在个别遗址中有较多的盆。

各遗址出土的骨器数量多少不等，数量少者只有笄、锥、镞几种器物，数量多者器物种类亦较多，既有生活用品和装饰品，亦有农业、手工业和渔猎工具，还有骨笛之类的吹奏乐器。

以上介绍了裴李岗文化的基本内涵。下面，我们把已经做过正式发掘的裴李岗文化遗址中发现的文化遗存分别做具体的介绍，以期对裴李岗文化遗址的内涵有一个比较明确的了解。

1.新郑裴李岗和沙窝李遗址的内涵

新郑裴李岗遗址是 1977 年试掘的[1]，1978 年做了正式发掘[2]。1979 年中国社会科学院考古研究所又进行发掘，这次发掘分春、秋两季进行[3]。该遗址的面积约 2 万平方米，第一次试掘揭露面积 100 多平方米，1978 年的发掘揭露面积有 400 平方米左右，1979 年的发掘揭露面积达 2157 平方米，发掘总面积近 2700 平方米。

裴李岗遗址有居住区和墓地之分。在遗址中部有一条水渠从南向北通过，水渠以西是墓地，水渠以东是居住区。据1979年发掘的地层，居住区的文化堆积层分3层：第1层为耕土；第2、3层为文化层。其中第2层又分A、B两层，A层厚0.35～1.1米，B层厚0.15～0.4米。第3层厚0.5～1.1米。总厚度有2米多。

这三次发掘，共发现灰坑22个，陶窑1座，墓葬114座。其中1977年的试掘，清理灰坑5个，墓葬8座。1978年的发掘，清理灰坑5个，墓葬24座，发现陶窑1座。1979年的发掘，清理灰坑12个，墓葬82座。出土的遗物主要是石器、陶器和不多的骨器，其中石器有一些打制的细石片和较多的磨制石器，种类有斧、铲、镰、刀、凿和石磨盘、磨棒、磨石、凿、矛等，其中矛少，其他器物较多（图四、五）。陶器有鼎、罐、壶、钵、碗、盘、豆、器盖和勺，其中以罐、壶、钵的数量最多，鼎、碗次之，盘、豆和器盖最少。此外还出土陶塑的猪头和羊头形象。陶器中90%以上是泥质和夹砂红陶，只有2.76%的灰陶。骨器只有笄、针、锥、镞4种，并有几件绿松石饰。动物遗骨则有猪、狗、牛、鹿、獐、獾等骨骼。果核有梅核、酸枣核和核桃壳。

沙窝李遗址的面积约1万平方米。1981年做过试掘，1982年做正式发掘，揭露面积共计850平方米。文化堆积层分上下两层，上层厚0.8～1米，下层厚0.45～0.65米。发现灰坑20个，墓葬32座。出土的遗物有石器和陶器，未见骨器，还有一些动物遗骨，经鉴定有猪、鹿的遗骨，亦有一些果核，有核桃和枣核。此外，在地层中还发现一块比较密集的粟粒状的炭化颗粒聚合物。

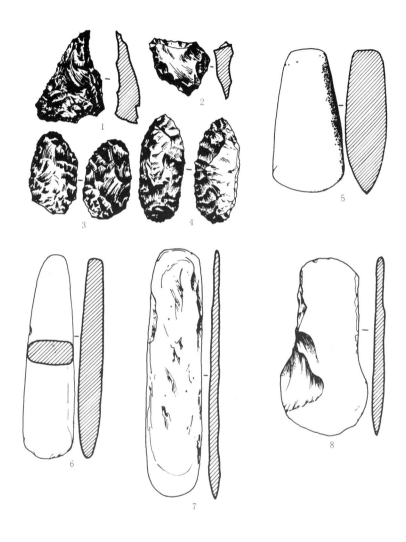

图四 裴李岗遗址出土的石器（一）

1.打制石器 2、3.石斧 4.长条形石铲 5.有肩石铲

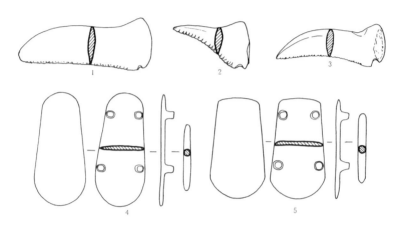

图五　裴李岗遗址出土的石器（二）

1、2、3. 石镰　4、5. 石磨盘

石器主要有磨制的石斧、石铲、石镰、石磨盘、石磨棒、石凿、磨石和石锤，最多的是石铲和石斧，其次为石镰、石凿和石磨盘、石磨棒，未见石锛。

陶器以夹砂和泥质红陶为主，也见有一些黑陶。器类有壶、钵、罐、勺、杯等，多数器物出于墓葬，少数出于灰坑内，由陶片复原[4]。

2. 密县莪沟遗址的内涵

密县莪沟遗址的面积约 8000 平方米。1977 年第一次发掘，发掘面积 546 平方米，1978 年第二次发掘，发掘面积 2201 平方米。发掘总面积约 2800 平方米。

该遗址的文化层比较薄，揭去表土和扰土即为文化层，厚 0.5～32 厘米。两次发掘共发现房基 6 座、灰坑 44 个、墓葬

68座，还发现有红烧土面。出土的遗物主要是石器、陶器、未见骨器，亦有动物遗骨和果核。动物遗骨多腐朽，无法鉴定，可能有猫类和鹿。果核有枣核和麻栎。

石器中亦有一些打制的细石片，多数为磨制石器，其中有石斧、石铲、石镰、石磨盘、石磨棒、砺石和石弹丸。

陶器有夹砂红褐陶、泥质红陶和泥质灰陶，以夹砂红褐陶最多，泥质灰陶最少。其中红陶占 77.62%，红褐陶占 21.85%，灰陶只占 0.53%。器类有鼎、罐、钵、碗、勺、盆、杯，最多的是钵、壶、罐，最少的是鼎、盆、杯。此外还出土一些陶纺轮和一件陶塑人头像[5]。

3. 长葛石固遗址的内涵

长葛石固遗址的面积约 10 万平方米，内含有裴李岗文化和仰韶文化遗存，属裴李岗文化和仰韶文化遗址，面积较大。该遗址从 1978 年秋开始发掘，至 1980 年发掘工作告一段落，共做了 4 次发掘，发掘面积共 2145 平方米。分 A、B 两区，其中 A 区发掘面积 2049 平方米，B 区发掘面积 96 平方米。A 区是裴李岗文化和仰韶文化分布的中心区，文化堆积层较厚，发现裴李岗文化遗存较多，在发掘的 250 平方米范围内，发现裴李岗文化的房基 3 座、灰坑 56 个、墓地 2 处。

石固遗址的地层有薄有厚。有的分 3 层，如 T5 东壁地层即分 3 层：第 1 层为耕土；第 2 层为仰韶文化层；第 3 层为裴李岗文化层，此层厚 10～20 厘米。T51、T52 北壁地层则分 5 层：第 1 层为耕土；第二层为仰韶文化层；第 3～5 层为裴李岗文化层，其厚度分别为 10～30 厘米、50～70 厘米、40～70 厘米，总厚度近 2 米。

从 1978～1980 年的 4 次发掘中，发现裴李岗文化房基 3

座、灰坑189个、墓葬49座。出土的遗物主要有石器、陶器，亦有不少的骨器，还有一些蚌器，蚌器中主要有蚌镰。亦有植物籽实。

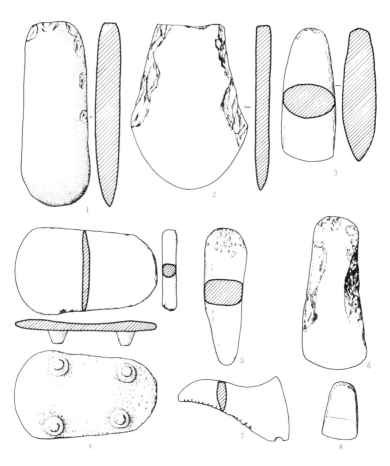

图六　石固遗址出土的石器

1.长条形石铲　2.舌形石铲　3.石斧　4.石磨盘　5.石杵　6.石铲

7.石镰　8.石凿

石器中亦有一些打制的细石片，多数是磨制石器。磨制石器种类有石斧、石铲、石镰、石杵、研磨器、石锥和石球，以斧、铲、镰最多（图六）。

陶器有夹砂棕红陶、泥质红陶和一些灰陶，其中夹砂棕红陶占半数以上，泥质红陶约占 40%，灰陶只占 2%。器类有鼎、罐、壶、钵、碗、盆、豆、杯、勺和器盖等，以壶、钵、罐最多，盆、杯、勺、豆、器盖少见。还出土一些陶纺轮。

骨器有匕、抿、针、锥、镞、凿等。亦有绿松石饰。植物籽实有榛子、核桃、榆子和酸枣等[6]。

4. 郏县水泉和汝州中山寨遗址的内涵

郏县水泉遗址的面积不详。该遗址于 1986 年做过试掘，此后又进行过 4 次发掘，至 1989 年春告一段落，发掘面积 1980 平方米。居住遗址的中心区未找到，或许已被破坏。其文化堆积层较厚，分上下两层，上层厚 0.9 米，下层厚 1.5 米，总厚度 2 米多。发现窖穴 83 个、陶窑 2 座、墓葬 120 座。出土的遗物以石器、陶器为主，还有一些骨器和绿松石饰，亦有动物遗骨和果核。

石器有一些打制的细石片和敲砸器，多数是磨制和琢制石器。后者主要有石斧、石铲、石镰、石刀、石锛、石凿、石杵、石楔和石磨盘、石磨棒，其中以斧、铲、镰和磨盘、磨棒较多，其他器物均少（图七）。

陶器主要是夹砂和泥质红陶，亦有一些灰陶。器类有罐、壶、钵、碗、鼎、勺，以壶、罐、钵较多，碗、勺少，鼎大多只见鼎足。还有一些陶纺轮。

骨器有锥、匕、笄、镞。动物遗骨有猪、鹿、麂。果核有枣核、核桃和栎等几种[7]。

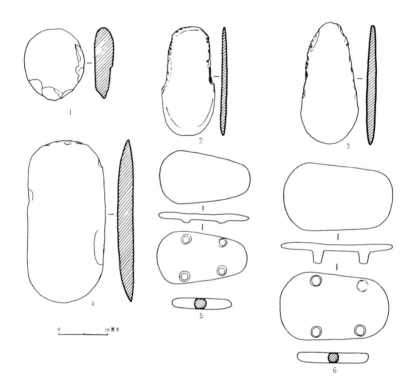

图七　水泉遗址出土的石器

1.打制石器　2.有肩石铲　3.舌刃铲　4.长条形石铲　5、6.石磨盘

　　汝州中山寨遗址的面积约 15 万平方米，内含有裴李岗文
化和仰韶文化遗存，其中主要属仰韶文化，面积大。1984 年
进行过试掘，1986 年又进行了两次小规模的发掘。共揭露面
积 515 平方米。

　　该遗址的文化堆积层分 4 层：第 1 层为耕土；第 2、3 层
为仰韶文化层；第 4 层为裴李岗文化层，此层厚 0.4～0.9 米。

在文化分期上，裴李岗文化属第一期文化。

在裴李岗文化层中发现窖穴 9 个、墓葬 4 座。出土遗物有石器、陶器、骨器，其中骨器较少。亦有一些动物遗骨和螺、蚌壳。

石器有一些打制的敲砸器，主要是磨制和琢制石器。后者的器类有石斧、石铲、石镰、石磨盘、石磨棒、磨石和石网坠，其中磨石和网坠很少。

陶器以泥质和夹砂红陶为主，亦有一些灰陶，约占 5%。夹砂陶中搀和有云母片、蚌壳片，或许还有滑石粉末。器类有钵、壶、盆、罐、鼎等，其中鼎大多只见鼎足。亦有陶纺轮。

骨器有针、锥和骨笛。动物遗骨有猪、鹿的下颌骨和鹿角[8]。

5. 舞阳贾湖遗址的内涵

贾湖遗址的面积达 5.5 万平方米。该遗址从 1983 年开始试掘，1984 年进行发掘，至 1987 年共进行了 6 次发掘，历时 5 年，揭露面积共有 2358 平方米。

贾湖遗址的文化层较厚，约 2 米多。有不同层次之分，一般分 3 层，每层厚不等，大体为 0.4～0.66 米。文化内涵相当丰富，共发现房屋建筑遗迹 45 座、灰坑和窖穴 370 个、陶窑 9 座、墓葬 349 座，还有壕沟和埋动物坑。出土的遗物有大量石器、陶器、骨器，还有不少牙角器和一些蚌器。亦有大量的动物遗骨和果核，并发现炭化稻遗存。

石器出土有千余件，有打制、磨制和琢制三种（图八）。打制石器有细石片、石核及较大的石片，包括砍砸器和刮削器。磨制和琢制石器有斧、铲、镰、刀、锛、凿、研磨器、石杵、石球、石矛、石弹丸、石纺轮和石磨盘、石磨棒等。以农

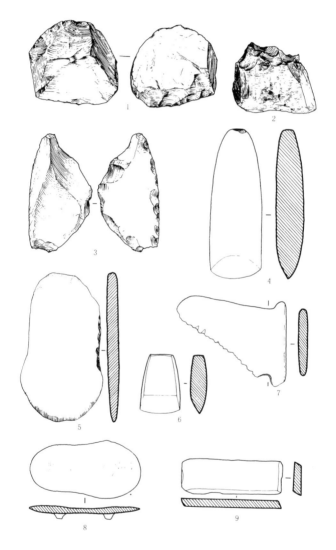

图八 贾湖遗址出土的石器

1~3.打制石器 4.石斧 5.石铲 6.石凿 7.石镰 8.石磨盘 9.石刀

业工具为主，也有手工业及狩猎工具。

陶器亦相当多。有夹砂陶、泥质陶和夹炭陶，有的还夹有蚌片和云母片。以红陶最多，还有褐陶和灰黑陶。红陶多不纯正，有褐斑，亦有外红内黑、下红上黑、红皮灰心等现象。器类有鼎、罐、甑、壶、钵、碗、盆、杯、勺器盖等，其中甑、杯、勺等较少。其他器物均较多。在罐类中有较多大型的器物。除炊具和饮食器外，还有陶锉、纺轮和网坠等陶质工具。

骨器的种类相当多，有镞、鱼镖、矛、凿、锥、匕、耜、刀、针、骨板、骨柄、骨笛、骨饰等。牙器有刀、削。

动物遗骨出土数量亦不少。种类有 20 多种。主要有貉、獾、豹、野猪、鹿、麋、麂、獐、野兔、猪、羊、狗、牛、鸟、鱼、龟、鳖、蚌等。

植物遗存主要有栎果、野胡桃、野菱、野大豆和炭化稻，其中炭化稻中既有野生稻，亦有栽培稻[9]。

6. 巩义瓦窑嘴遗址的内涵

瓦窑嘴遗址经过三次发掘，文化内涵并不丰富。该遗址的裴李岗文化层只有一层，厚约 0.3 米。发现的遗迹有灰坑和陶器，出土的遗物有石器、陶器及动物遗骨[10]。

灰坑共清理 24 个，其中第一次和第二次的发掘共清理了 15 个，第三次发掘清理了 9 个。陶窑发现 1 座。

出土的石器有少量打制石器，主要是磨制石器，有斧、铲、凿、磨盘、磨棒等。

陶器有红陶、褐陶和黑陶，以红陶为主，黑陶中有磨光黑陶，火候较高，其他则火候较低。器类有钵、碗、罐、盆、豆、壶、杯等。

动物遗骨有猪、鹿、狗、羊、牛、兔、鼠等。

上述几处经过发掘的遗址说明，裴李岗文化遗址的文化内涵总的说来并不丰富，尤其是居住遗址内发现的房基都很少，灰坑亦不多，墓地内发现的墓葬则多一些。出土的遗物比较多的是石器和陶器，骨器很少。内涵最丰富的是贾湖遗址，不仅有不少房基和大批灰坑发现，而且墓地内亦发现大批墓葬。由此看来，裴李岗文化遗址内涵不丰富是普遍现象，个别遗址内涵丰富则有其特殊性。

（二）房屋建筑与灰坑和陶窑的结构

裴李岗文化遗址发现的遗迹，主要有房屋建筑遗迹、灰坑窖穴和陶窑。有的遗址还发现有壕沟和埋动物坑。各遗址发现的房屋建筑基址、灰坑、窖穴和陶窑，都有其相同或相似的特点，亦有一些差异。

1.房屋建筑特点

裴李岗文化的建筑基址，目前在各遗址共发现 50 多座。其中密县莪沟遗址发现 6 座，长葛石固遗址发现 3 座，巩县铁生沟遗址发现 1 座，舞阳贾湖遗址发现 45 座。这 50 多座房基中，绝大多数是半地穴式建筑基址，单间，面积很小，也有一些多间房基，面积较大。还有一些地面建筑基址。

密县莪沟遗址发现的 6 座房基均为半地穴式居址（图九）。形状有圆形和方形两种，其中圆形房基 5 座，方形房基只有 1 座。圆形房基口径为 2.2～2.8 米，坑壁残高 0.05～0.4 米。房基内有的有一片红烧土痕迹，有的则有黄泥或草拌泥筑的灶圈。房基外都有门道，门道有的作斜坡，有的作台阶。长方形房基是从地面往下挖一长方形坑，坑壁垂直。坑口长 2.4 米，

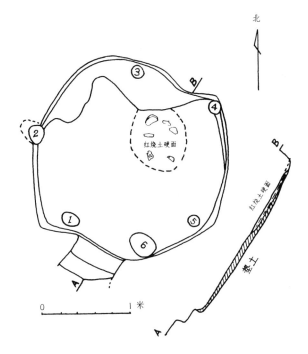

图九 莪沟遗址 F2 房基平、剖面图

宽 1.32 米，壁高 0.35～0.4 米。房基地面平整，有的铺垫一
层黄灰土，有的房基内有一片火烧硬面。房基内的填土中含有
烧土块、灰烬、石料和陶片等。

长葛石固遗址发现的 3 座房基亦是半地穴式建筑基址。形
状有圆形和椭圆形两种，其中圆形基址 2 座，椭圆形基址 1
座。圆形房基直径为 1.75～2 米，地面平整。有的基址有柱
洞，柱洞内未见垫有柱础石，室内亦未见灶坑。亦有斜坡式或
台阶式门道。房基填土内亦含有红烧土块、炭屑和陶片等遗
物。椭圆形房基（图一〇）长 3.81 米，宽 2 米，居住面不甚平

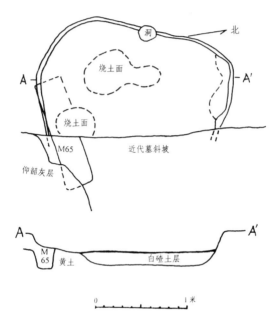

图一〇 石固遗址 F7 房基平、剖面图

整，中间较高，周边较低。有台阶式门道，台阶有三层。房基填土内含有少量陶片。

巩县铁生沟遗址发现的 1 座房基，为圆形半地穴式建筑基址，直径 2.9 米。地面不甚平整，但比较坚硬，基址内有一小片红烧土，可能是灶的残迹。房基内的门道口有用石块铺垫的三级台阶，其中下层台阶是利用已毁坏的石磨盘残块铺垫，上层二级台阶则是用较大的石块铺垫，每级台阶高约 20 厘米。房基门道两侧有对称的圆形柱洞各一个，柱洞内未见柱石。在房基门道的出口处有一堆陶片，陶片与地面粘合很紧，与一般散乱陶片不同，估计这堆陶片似乎是经上部压力破碎而粘结在

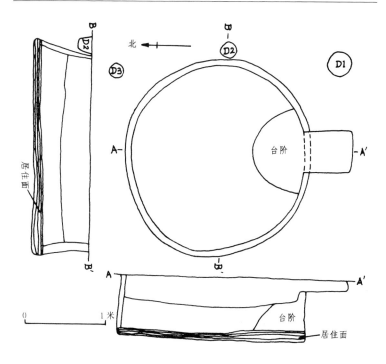

图一一　贾湖遗址 F32 房基平、剖面图

地面上的。房基内的填土中含有火烧碎骨、炭化果核和陶片等[11]。

　　舞阳贾湖遗址发现的 45 座房基中，有半地穴式建筑居址 42 座，地面建筑居址 1 座，干栏式建筑居址 2 座。

　　半地穴式建筑基址形状有椭圆形、圆形、方形和不规则形多种，以圆形最多（图一一）。房屋结构有单间、双间、三间和四间，以单间最多，共 37 座，其余为双间房 2 座、三间房 1 座、四间房 2 座，这些分间房都是后来扩建的。面积绝大多数在 10 平方米以下，最大的有 40 平方米。房基内多数都有柱洞，有的柱洞内有柱础石，少数未见柱洞。居住面一般都经过铺垫，或垫黄土，或垫黄土夹红烧土和沙土。有的地面经过火烧，有的房基内有灶的残迹，少数房子内有生土台。房基外多有门道，多数是台阶式，少数为斜坡式，亦有一些房基未发现门道。房基内的堆积中含有比较丰富的遗物，一般都有许多陶片，有的还有石器、骨器和动物遗骨。

地面建筑的房基，平面呈椭圆形，长径4.3米，短径3.1米。未发现有墙基。仅发现一片红烧土地面，较平整，用草拌泥铺垫，表面烧成红褐色。在红烧土中间有三个小圆洞，据推测可能是柱洞。在红烧土面的一侧有一方形凹坑，推测为灶坑。

干栏式建筑居址仅在地面上发现一些柱洞，其分布有一定的规律。在柱洞分布范围内未见有居住面或地面痕迹。这些柱洞据推测应是用柱子支撑起来离开地面的建筑的遗迹，与长江流域和华南地区的干栏式房子相似。在两座干栏式居址中，F38发现7个圆形柱洞，呈椭圆形分布，东西长径2.15米，南北短径1.1米。柱洞周围和底部填有红烧土和碎陶片。F40则发现24个圆形或椭圆形柱洞，分布亦较有规律，长6.8米，最宽处1.5米，东西已发现3排，南北发现7行。柱洞有的填红烧土，并经砸实，有的填硬黄土，亦经砸实，有的则未填其他土质。从柱洞分布规律等情况分析，推测其应是一组分间式房址[12]。

对于贾湖遗址发现的房屋建筑遗迹，有些问题值得思考。有的被判断为半地穴式居址的坑面积很小，且坑内并未发现有柱洞，亦未发现灶坑或红烧土，地面亦未经铺垫，并无任何迹象说明它是房基，很可能是灰坑。在分间房中均未发现有隔墙，其堆积层层相通，面积也不大，如 F30 是由一个椭圆形坑和两个圆形坑相连的不规则形坑，长 3.12 米，宽 3 米，总面积不足 10 平方米，房基内无柱洞，其堆积层层相通，且无隔墙，并不像一座三间房。至于干栏式建筑房屋，其形状并不规整，且柱洞间有打破关系，这并不符合木构架的基本条件，似乎不太可能像长江流域的干栏式房屋。

2. 灰坑和窖穴的结构

裴李岗文化的灰坑和窖穴在各遗址均有发现，只是数量悬殊。已发现的灰坑、窖穴总数有 500 多个。形状多数是圆形和椭圆形坑，也有不少不规则形坑，多数是小而浅的坑，只有少数坑较大较深。坑内堆积内含的遗物普遍较少，惟贾湖遗址的灰坑内含遗物较多。

裴李岗遗址发现的 22 个灰坑、窖穴，形状有近圆形、椭圆形和圆角方形三种，以圆形坑居多。坑口直径一般在 0.5～1.1 米左右，亦有个别较大的坑，口径达 2 米左右。坑深一般在 0.35～1 米左右。口稍大于底，坑内堆积一般都含有少量陶片，有的还有残石器、红烧土块和炭屑。在裴李岗遗址的居住区内发现一个较大的灰坑，堆积有很厚的灰土，厚约 1.8 米，堆积内含有少量陶片。

沙窝李遗址发现的 20 个灰坑中，形状有圆形和不规则形两种，口径最大的 2.4 米，深 1.16 米，最小的 1.1 米，深 0.26 米，坑壁一般近于垂直。坑内堆积中含有少量陶片，有的亦有石器、动物遗骨和果核。

密县莪沟遗址发现的 44 个灰坑分布比较密集，形状有圆形、椭圆形和不规则形三种。其中圆形坑 21 个，口径 0.8～1.96 米，深 0.22～1.28 米，形状比较规整，一般口稍大于底，有 7 个口径小于底径的袋状坑，这类坑一般较深。椭圆形坑 13 个，一般较大，口径 1.08～2.24 米，底径 0.92～2.18 米，深 0.24～0.8 米。不规则形坑 10 个，形状各异，大小有别，口径 0.64～3.1 米，深 0.54～0.7 米，坑壁斜直，多圜底。坑内堆积中都含有少量陶片。

长葛石固遗址发现的 189 个灰坑中，形状有圆形、椭圆形、长方形、半月形、瓮状和袋状坑多种，以圆形坑最多，次为椭圆形坑。

圆形坑多为口大底小的竖穴式和浅穴坑。口径最小的 0.56 米，最大的 2.4 米，一般深 1 米左右。坑壁近于垂直或斜直，平底，有的坑在下部坑壁上抹有细泥。椭圆形坑一般长 1.5 米，宽 0.6～0.7 米，最长的 2.4 米，深一般为 0.5～0.8 米。坑壁有的近直，有的斜壁，多平底。长方形坑有一个，口径长 1.6 米，宽 1 米，深 1.42 米，坑壁斜而不平整。瓮状和袋状坑均发现于晚期，都是口小底大，坑壁微向外鼓。各种坑内堆积都含有少量陶片，有的有残骨器。

郏县水泉遗址发现的 83 个灰坑中，形状有圆形和椭圆形两种，圆形坑有筒状、盆状、袋状和套坑之分。筒状坑最多，圆筒形，口径一般在 1 米左右，深 1 米多，个别坑较深，底部一般平坦。盆形坑有圜底和平底，口径 1.2～1.5 米，深 0.4 米左右，较浅。袋形坑口小底大，口径 1.3 米，底径 1.7 米，深 0.9 米。套坑发现一座，椭圆形口，平底，口径 1.85～2.3 米，底径 1.7～2.1 米，深 0.43 米，在坑内北侧又挖一小圆坑，口径 0.75～0.95 米，深 0.35 米。坑内堆积包含有大量陶片，有的有石器、骨器及动物骨骼。

舞阳贾湖遗址发现的 370 个灰坑、窖穴，形状结构比较复杂。坑口形状有圆形、椭圆形、近方形、马鞍形和不规则形五种。坑壁有直壁、斜壁、弧壁之分。坑底有平底、圜底、台阶状底和不规则形底之分，以圆形、直壁、平底坑最多。坑的口径，以 1 米以下最多，亦有不少为 1~1.5 米，少数在 2 米以上，最大的为 3 米以上。坑深有少数在 0.5 米以下，以 0.5~1 米最多，少数深 1~1.5 米，个别的深 2 米以上。

圆形坑有 173 个，多口大底小。坑口直径多数在 1 米左右，少数 1~2 米，均底径小于口径。这类坑被认为属窖穴。椭圆形坑 143 个，口径多在 1 米以下，少数在 1 米以上。马鞍形坑 14 个，形状独特，一般一边外弧形，一边中凹，也有两边内凹的，内凹壁上有生土相隔，底部亦有生土坎。近方形坑有 20 个，有近方形、圆角方形和近长方形之分，平底或圜底。不规则形坑少。各类坑内的堆积，内含的文化遗物有的比较丰富，有红绕土、碎兽骨、鱼骨和大量陶片，有的内含遗物只有陶片。

3.陶窑的结构

裴李岗文化的陶窑，共发现 12 座。结构很简单，体积亦很小。

新郑裴李岗遗址发现陶窑一座，已遭破坏而且相当残破。它是一个圆形浅坑，坑口直径 0.96 米，深 0.52 米。坑壁有厚 8~14 厘米的红烧土面。圜底，底部亦有厚约 6 厘米的红烧土面。坑的上部有一条坑道，两壁面亦有一层红烧土，厚约 10 厘米。坑口则有 5 个半圆形孔眼。坑内堆积有灰土。在此坑的一侧有一个大型灰坑，坑内堆积有很厚的灰土，约 1.8 米，堆积土中有相当多的陶片和烧土结块，有些烧土块中还夹有未经取出的夹砂陶罐残片，系烧坏的陶器残片，根据这些情况判断，圆形浅坑有可能是烧陶器的窑址[13]。

在密县莪沟遗址发现一片红烧土硬面，推测其有可能是烧陶窑址。这片烧土硬面平面近圆形，直径 2.4～3 米。烧土面上部平整而坚硬，厚 0.3 米，中部较厚，周围边较薄。在烧土面中部有一口大底小的圆坑，直径 1～1.6 米，深 0.2 米，周壁斜直，底较平，内填满草木灰，并含有较多的陶片。估计这烧土面与烧陶有关[14]。

郏县水泉遗址亦发现 2 座陶窑。两者并排相距 1.5 米，均只保存火膛部分，窑室已破坏。其一的火膛断面为半圆形，残长约 0.36 米，宽 0.8 米，高 0.5 米，周壁有厚约 10 厘米的红烧土，其后接圆形窑室，残存痕迹直径 1.2～1.3 米，圜底。窑壁残高 3～5 厘米，周围及底部有厚约 9～11 厘米的红烧土[15]。

舞阳贾湖遗址发现陶窑 9 座。这些陶窑平面呈圆形或椭圆形，分三类：第一类是横穴窑，有窑室、火门、烟道和烟孔，有的还保存有窑壁和火道；第二类仅有一圆形或椭圆形浅坑，据推测是平地露天封烧式陶窑；第三类是利用废弃灰坑平整铺垫后作烧陶用，据估计亦是平地露天烧陶遗址。

贾湖遗址横穴窑有 2 座，都有一圆形或近圆形的窑室，一侧有火门，另一侧有 1～2 个出烟口，保存好的还有烟道、火道和窑壁。Y8 平面呈椭圆形（图一二），南北长 2.1 米，东西宽 1.8 米。中间为长椭圆形大膛，形状不大规则，周围土质坚硬，呈红褐色，现存长 1.5 米，宽 0.5～0.8 米，两壁陡直，深 0.48 米。内满填草木灰、木炭块、红烧土碎块和陶片。火膛两侧为火台，宽 0.4～0.5 米，保存较存的西火台南部烧成砖红色，厚约 0.2 米，渐变为浅红色。火台周围为窑壁，保存较好的西南侧红烧土窑壁高 0.02～0.2 米，厚 0.1～0.2 米。

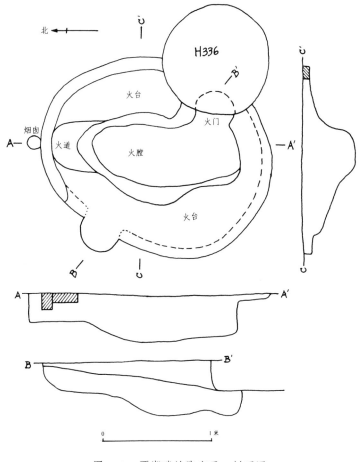

图一二　贾湖遗址陶窑平、剖面图

火膛的东南、西北两面各自有一斜坡伸出窑室之外，推测东南侧斜坡可能是窑门，西北侧斜坡为火门。在火膛南端向上渐窄形成烟道，烟孔出口处直径 0.12 米。烟道和烟孔周壁呈红褐色。烟道底部沉积一层厚约 0.05～0.15 米的烟灰，填土中有大量陶片。Y9 破坏严重,形状与 Y8 相同。

坑穴窑的特点是有圆形或椭圆形浅坑,或利用废弃灰坑作烧陶场址。坑的底部有一层红烧土,坑内填有红烧土碎块和大量草木灰[16]。

4. 壕沟和动物坑

壕沟和埋有动物的坑,均发现于贾湖遗址。共发现壕沟 3 处,埋有动物的坑 10 个。

壕沟分别发现于遗址西南角、南部和西部。遗址西南角的壕沟距遗址西部边缘 22 米,南北长 23 米,东西宽 4.5 米,深 1~1.2 米,方向为南北向,沟内堆积中含有大量陶片、红烧土块、兽骨、鱼骨、龟鳖甲,并有一层碎蚌壳层。遗址南部的壕沟距遗址南部边缘 12 米,未进行发掘。从断面看为东西向,已知长 30 米,宽 6 米。遗址西部的壕沟弯弯曲曲,长在 10 米以上,宽 0.3~3 米,最深处距地表 0.95 米,最浅处距地表 0.4 米。壕沟的用途和性质不明。它分布在遗址边缘地带,是否与居住遗址区的排水有关,值得考虑。

动物坑 10 个,所埋的动物经鉴定均为狗,分别发现于墓地内、墓地旁和居址内、居址旁。在墓地内和墓地旁发现 6 个坑,有 4 个坑保存较好,每坑埋狗 1 只。在居址内和居址旁发现 4 个坑,每坑亦埋狗 1 只,其中有 3 只狗骨架保存完好。

(三) 各类遗物的基本特征

裴李岗文化遗址出土的遗物中,有石器、陶器、骨器、牙器、角器和蚌器之类的生产工具和生活用具。这些遗物都有其鲜明的特征,尤其是石器、陶器的形制有的更有其独具的特色，是其他新石器文化所不具备的。但是，裴李岗文化各遗址所出的遗物，除具有鲜明的相同特征外，亦有某些差异。有的遗址之间差异较小，有的则有较大的差异。这种差异，有文化年代不同和文化发展水平不同的差异，亦有地方性差异。

1. 石器的基本特征

裴李岗文化各遗址都有打制、磨制和琢磨兼制三类石器。但各遗址出土的石器有数量和种类的不同，也有某些器物的形制不完全相同，而加工技术和主要器物的形制特征则相同或相似。

打制石器在各遗址都有出土。有的遗址出土少，而且主要是细石片，个别遗址则较多，其中有细石片，亦有较大的石片石器和石核。

新郑裴李岗遗址出土的打制石器主要有一些燧石片和石英石片之类的刮削器，在文化层和灰坑中都有出土，其中有第二步加工或使用痕迹的少，亦有一些有使用痕迹。刮削器的器形有多边刮削器、双边刮削器和长刮削器等[17]。

新郑沙窝李遗址亦出土一些打制的细石片，分别出于灰坑和墓葬，共出土 11 件。材料有燧石、石英石和水晶石三种。有 3 件有明显的加工痕迹，器形有双边刮削器、长条形石片刮削器。其中 M31 出土一件大而厚的水晶石片，有平坦的打击面，劈裂面上有显著的半锥钵，沿一长边加工成凹凸的刃部。在燧石长刮器的背面留有长条形疤痕，同细石器的工艺相类似，这或可证明细石器工艺传统在裴李岗文化中仍有残余[18]。

密县莪沟遗址亦出土一些精制的小石片，主要出于灰坑。这些小石片大部分未经加工，少数稍加修理，并有使用痕迹。器形有锥状石核，有加工台面和剥片痕迹。石片有长刮削器和圆头刮削器。

长葛石固遗址亦出土一些打制的细石片，是用石英岩、灰色砂岩或晶体岩加工的。器类有尖状器、刮削器等，多有使用痕迹。

出土打制石器最多的是舞阳贾湖遗址。该遗址出土的打制石器，有石核和较大的石片石器，还有石锤和石砧等。石核中有锤击和砸击石核，有单台面和多台面，亦有打击点和疤痕，使用的材料多为石英岩。石片亦有锤击石片和砸击石片两类，包括砍砸器和刮削器，尖状器不见。材料有脉石英和紫红色石英，亦有一些砂岩。石锤多为自然石块或砾石。小石片少见。

裴李岗文化遗址都有打制石器出土，说明裴李岗文化石器特征仍存在有旧石器时代晚期文化的遗风。

裴李岗文化石器中，磨制和琢磨兼制石器是主要的。这类石器的特点是磨制或琢磨精细。多数是通体磨光，器物种类有斧、铲、锄、镰、刀、石磨盘、石磨棒、石锛、石凿、磨石、石杵、石矛、石球和纺轮等，包括农业工具、手工业工具和狩猎工具，以农业工具为主，其次为手工业工具，狩猎工具较少。各类器物的形制规整，适合于不同的生产用途，但都有不同的形式，主要是体形有大小和轻重的不同，刃有平刃和圆刃之分。其中石铲、石磨盘、石磨棒和石镰的形制最具有特色，是裴李岗文化石器中最具有典型性和代表性的器物。

石斧在各遗址都有出土，是裴李岗文化中常见的工具。这类石器一般都磨制精工，几乎都是通体磨光。其形制一般作长条形，体厚重，二面磨刃。各遗址出土的石斧有两种形式：一种体较大，长条形，横剖面呈椭圆形，顶较窄，有圆顶和平顶，圆弧刃；一种体较小，短厚，顶较窄，圆顶，刃部较宽，平刃。其他遗址出土的石斧形制与裴李岗遗址的类似,亦有大小和长短之分。

石铲在各遗址亦有不少出土,是裴李岗文化常见的工具。这类器物均较扁薄,通体磨光,但有的铲面留有未磨平的疤痕,有的遗址还发现有仅打制出铲的雏形而未经磨制的半成品。各遗址出土的石铲亦都有不同的形式。裴李岗遗址出土的石铲有的体较长,长条形,铲面较窄,圆弧刃;有的体较短,铲面稍宽,圆弧刃或平刃;有的体短,刃部较宽,舌状刃。还有鞋底形铲和有肩石铲。其中鞋底形铲是长条形,铲面稍宽,腰略内收,两端磨刃,刃为圆弧形,整体形状很像一只鞋底形状。这种石铲和有肩石铲出土数量不多,但很有特色。鞋底形石铲在其他遗址未见,有肩石铲在其他遗址亦有出土。

石锄在巩县铁生沟遗址有出土,其他遗址未见。该遗址出土的石锄形状为长条形,厚重,面窄,刃部稍宽,平顶直刃。刃部有经使用后形成的垂直线条擦痕。这里的土质系黏土,因此有用石锄作翻土松土工具的需要。

石镰亦是裴李岗文化中常见的工具,各遗址都有出土。这类器物通体磨光,加工精细,均作弯月形,拱背,平刃或凹刃,柄部较宽,上部略上翘,下部刻有缺口,便于安柄。刃部都加工有细密的三角形齿,一般称锯齿镰或齿刃镰。亦有不同的形式,主要是体有长短之分,镰面有宽窄的不同,刃有平刃和凹刃之别。各遗址出土的石镰形制大体相同。锯齿镰是裴李岗文化石器中最具特色的工具之一,在其他新石器文化中均未见。

石刀在裴李岗文化中少见,有的遗址有出土,其中以贾湖遗址出土多一些。形制基本上都是长条形,平刃,刀面有的较宽，有的较窄，有的两侧有缺口，这种带缺口的石刀与仰韶文化石刀类似。

石磨盘和石磨棒亦是裴李岗文化常见的工具，各遗址亦都有出土，只是数量有多有少。石磨盘是用一大块很厚的砂岩加工而成，石板的一面加工出磨盘的平面，另一面则琢出磨盘底部的四条圆柱形短足。盘体有大小和长短的不同，其形制亦有不同的形式：一种是磨盘前端较宽，后端较窄，腰略内收，两端作圆弧形，整体像一只鞋底状；另一种亦前端宽，后端窄，但前端边沿作圆弧形，后端边沿则近平直，两侧边沿平直。这两种形式的磨盘底部都有四条对称的短圆柱状足。磨棒则是与磨盘配套的工具，作长圆柱形，两端较细，中间粗，长短与磨盘的盘面相配。此外，在采集品中，还见有一种平板无足的尖头磨盘。裴李岗文化的石磨盘以有足的圆头磨盘最具特色，其形制比较规范，是裴李岗文化石器中具有典型性和代表性的器物。

石锛少见，有的遗址有出土，有的遗址未见。通体磨光，加工精细，长条形或梯形，体短而厚，顶部较窄，刃部较宽，平刃，一面磨刃。

石凿亦少见，少数遗址有出土。加工精细，亦通体磨光。长条形，体短小，面亦较窄，一面磨刃，亦有两面磨刃。

石杵亦少，在贾湖遗址有一些出土。短柱形，一端或两端有光滑的摩擦面，摩擦面呈凸弧状，诸边棱角较大且圆钝，大概是与研磨器配套使用的。

研磨器亦不多见，只在贾湖遗址有出土，均用砂岩制作，一端或两端有研磨面。

砺石在莪沟出土2件。一件近圭形，另一件作长条形，均系砂岩。

石纺轮在贾湖遗址有出土，圆形，中间钻有孔。此外还出土有穿孔石器，近似椭圆形。在裴李岗遗址出土带穿孔圆窝的石器，长条形，两侧边一长一短，长边一侧平整，一侧有一道浅凹槽，两端不平整。两面均有未穿透的小圆窝，一面 6 个，一面 2 个。

2. 陶器的基本特征

裴李岗文化的陶器，各遗址都有出土。各遗址出土的陶器，在数量、种类和制作技术、工艺水平方面都不完全相同，但亦有其鲜明的共同特征。

裴李岗文化陶器的基本特征是：陶质都有泥质陶和夹砂陶两类，泥质陶的胎质细腻，夹砂陶中有的还夹有蚌壳、云母碎片或炭屑；陶色均以红陶或棕红陶为主，亦有一些灰陶和黑陶；制法均为手制，采用了泥条盘筑法；陶质比较差，火候低，陶胎不坚硬，有的陶片手捏即碎；器物种类少，有鼎、罐、壶、钵、碗、盆、勺、杯、盘、豆和器盖几种，以罐、壶、钵最常见，鼎、碗、盆、勺较少见，出土数量最少的是杯、盘、豆；各类器物都有不同的形式，如鼎有罐形鼎、盆形鼎和釜形折腹鼎，罐有侈口深腹罐、筒状深腹罐、大口深腹罐、角把罐、双耳罐等，壶有小口双耳壶、大口双耳壶、折腹壶和扁腹壶等，钵有三足钵、圜底钵、敛口曲腹小平底钵等。这些器物的体积都不大，制作工艺亦比较粗糙，基本上都是炊具和饮食器皿，亦有一些较大的罐可能是容器。大多数器物都没有纹饰，有的素面陶经过磨光。少数器物饰有纹饰，有的纹饰简单，主要有篦纹、划纹、乳丁纹、指甲纹和坑点纹；有的比较复杂，除上面几种纹饰外，还有绳纹、席纹、锥刺纹和花边纹。

裴李岗文化陶器虽然有其共同特征，但各遗址的陶器并不完全相同。各遗址出土的陶器不仅有数量、种类和制作技术、工艺水平的差别，而且器物的形制和纹饰亦有所不同。其中，新郑裴李岗和沙窝李、密县莪沟、长葛石固、郏县水泉等遗址的陶器特征比较接近，差异较小，舞阳贾湖遗址的陶器与其他遗址则有较大差异，相同或相似的特征较少。

裴李岗遗址出土的陶器以泥质和夹砂红陶为主，亦有一些灰陶。据 T305 出土的陶片统计，泥质红陶占陶片总数的67.89%，夹砂红陶占 29.36%，泥质灰陶占 2.76%。陶质疏松，刚出土时用手搓捻即成粉末，干燥后稍硬。经测定，其烧成温度为 900℃～960℃，器表绝大部分是素面，部分经磨光，有纹饰的很少，主要见于夹砂陶上，主要有篦纹、指甲纹、划纹和乳丁纹。据 T305 出土陶片纹饰统计，篦点纹为 4.59%，弧线篦纹为 2.76%，指甲纹为 0.92%，划纹和乳丁纹各为1.38%[19]。器类有鼎、罐、壶、钵、碗、盘、勺等，各类器物有不同的形式（图一三）。

裴李岗遗址的鼎有罐形鼎和钵形鼎两种。罐形鼎有的腹较浅，体较大，腹饰乳丁纹，有的体较小，腹较深，长锥足，无纹饰。钵形鼎体小，深腹圜底，腹饰篦纹。罐的形制均为侈口深腹平底。有的口较小筒状深腹，腹饰有对称的乳丁纹，多数是口较大，深腹较浅，腹壁近直。壶的形制为小口细颈双耳，体较小。形式变化较多，主要变化在颈、腹、耳、底、足。颈有长短和束颈直颈；腹有圆形、椭圆形；耳有弯月形耳和桥形耳；底有圜底和平底，亦见有尖底；或无足，或假圈足，或三锥足。钵的形制为直口圜底浅腹或深腹。有三足钵、圜底钵

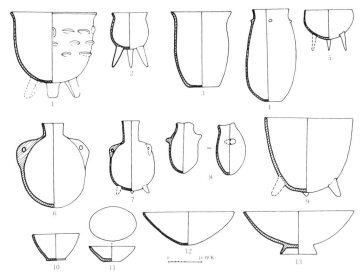

图一三　裴李岗遗址出土的陶器

1. 乳丁纹鼎　2. 罐形高足鼎　3. 侈口深腹罐　4. 乳丁纹罐　5、9. 三足钵
6、7. 小口双耳壶　8. 双耳罐　10. 假圈足碗　11. 平底碗　12. 圜底钵　13.
圈足碗

等，其中三足圜底钵最多。碗均为直口，有平底和假圈足两种。盘、勺少见。

　　沙窝李遗址出土的陶器，陶质、陶色、器形和纹饰与裴李岗遗址的陶器基本相同，其差别是沙窝李未见灰陶，出土一些黑陶。器物种类有罐、壶、钵、杯、勺，未见鼎、碗。各类器物的形制亦有一些差别，筒状乳丁纹深腹罐未见，小口双耳壶有较多的平底壶。这里出土的黑陶有一件小口双耳壶和一件杯。

　　密县莪沟遗址出土的陶器，亦有泥质陶和夹砂陶两种。泥质陶的胎质细腻，夹砂陶中含有蚌壳粉末。以红陶或红褐陶为主，亦有一些灰陶，灰陶占陶器总数2.51％。手制，较大的器物多数采用泥条盘筑法，器物内壁有泥条盘筑痕迹，小件器物则是用手捏塑而成，器耳和器足是在器体制成后另外粘接的。夹砂陶多饰有纹饰，有压印点状纹、篦纹、划纹、指甲纹和乳丁纹。火候较低，容易破碎，质量差。器类有罐、钵、壶、鼎、杯、盆、器座等。

莪沟遗址的罐有敛口深腹罐、大口罐、小口双耳罐三种。其中大口深腹小平底罐在裴李岗和沙窝李遗址均未见。钵亦有三足钵和圜底钵，以三足钵最多。壶亦为小口双耳，形制与裴李岗的同类器相同，惟未见尖底壶。鼎亦为乳丁纹鼎，少见，盆只出土一件，大口，浅腹斜壁，平底。

长葛石固遗址的陶器亦主要是泥质红陶和夹砂棕红陶，亦有一些灰陶，其中灰陶约占2％。纹饰以篦纹为主，亦有乳丁纹、划纹、刺点纹、坑点纹。器物种类亦有鼎、罐、壶、钵、碗、盆、杯、勺和器盖等，各类器物的形制亦有不同的形式（图一四、一五）。

石固遗址的鼎有两种形式：一为罐形鼎，与裴李岗的罐形深腹高足鼎相同；一为盆形浅腹高足鼎，这是新器形。罐的形制，既有与裴李岗类似的侈口深腹罐，也有与莪沟类似的大口深腹罐，并出现有角把罐。这种罐与大口深腹罐相似，但较大，且口沿下附有一对称的角形把。壶亦有和裴李岗相同的圆腹细颈小口双耳壶、三足壶、假圈足壶、尖底壶，但出现大口壶、长颈壶、折肩壶和扁腹壶等，这些壶在裴李岗和莪沟遗址均不见。钵亦有三足钵和圜底直口钵，与裴李岗的同类器相同，但出现敛口曲腹小平底钵，其中三足钵出土较多，并出现双耳盆。

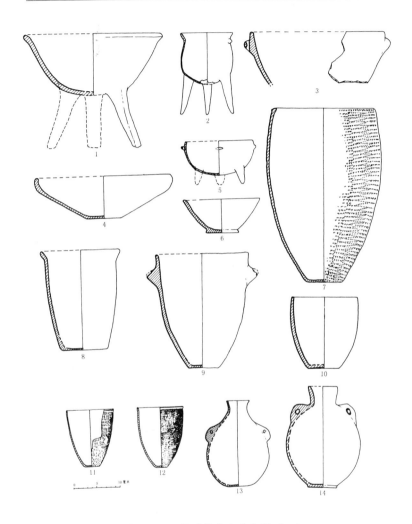

图一四 石固遗址出土的陶器（一）

1.盆形鼎 2.罐形高足鼎 3.双耳盆 4.敛口曲腹钵 5.三足钵 6.
假圈足碗 7.大口深腹罐 8.侈口深腹罐 9.角把罐 10.直口罐 11、
12.大口深腹罐 13、14.小口双耳壶

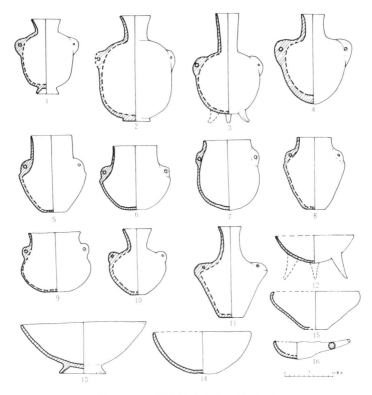

图一五　石固遗址出土的陶器（二）

1～4、10. 小口双耳壶　5、6. 大口折肩壶　7、8. 大口双耳壶　9. 扁腹壶
10. 小口双耳壶　11. 折肩壶　12. 三足钵　13. 圈足碗　14. 圜底钵　15. 敛
口曲腹钵　16. 勺

　　石固遗址的裴李岗文化遗存分为四期。这四期陶器，以
二、三期的变化比较明显，大体代表了裴李岗文化发展的两个
阶段：一、二期是早期，三、四期是晚期。一、二期的陶器基
本上与裴李岗和莪沟遗址的陶器相同，三、四期的陶器与它们
则有较明显的区别，突出的是出现盆形高足鼎、大口深腹角把

罐、大口双耳壶、小口折肩壶、扁腹壶、敛口曲腹钵、双耳盆等新器形。

郏县水泉遗址的陶器亦有泥质红陶和夹砂红陶，并有很少的灰陶。制法亦是手制，并采用了泥条盘筑法。多数是素面陶，有的亦经磨光，少数有纹饰，以篦点纹为主，其中有竖行点线和折线即之字形篦纹两种，也有一些指甲纹、乳丁纹、划纹和戳刺纹。器物种类亦有鼎、罐、壶、钵、碗、勺、器盖和小碟（图一六）。

水泉遗址的鼎只发现鼎足。罐的形制有侈口深腹罐、大口深腹罐和角把罐，还有鼓腹的深腹罐和双耳直口深腹罐，其中侈口深腹罐与裴李岗的同类器相同，大口深腹罐与莪沟的同类器相似，角把罐与石固晚期的同类器相似，鼓腹罐、三足罐和双耳深腹罐为裴李岗、莪沟和石固遗址所未见。钵的形制亦有三足钵、圜底钵和敛口曲腹平底钵，其中三足钵和圜底钵与裴李岗的同类器相同，敛口曲腹平底钵则与石固的同类器相似。这里出土的小口双耳壶有圆形或椭圆形腹、三足或假圈足，与裴李岗的同类器相同，惟壶颈多较长，亦有与石固三期相同的折肩壶。这里出土的三足小碟，亦与裴李岗的同类器相似。

水泉遗址的裴李岗文化分三期。这三期的陶器中，一、二期陶器比较接近于裴李岗和莪沟的陶器，三期的陶器则与石固三期陶器接近。在二、三期陶器中出现双耳深腹罐、鼓腹罐和矮三足的双耳罐，则有其自身的特点。

舞阳贾湖遗址的陶器与裴李岗、莪沟、石固和水泉遗址的陶器区别较大，但也有相同的因素和特征。该遗址的陶器亦以红陶为主，但色不纯，有红褐或外红内黑、下红上黑等色，亦有不少灰黑色陶。陶质亦有泥质陶和夹砂陶，并有不少夹炭

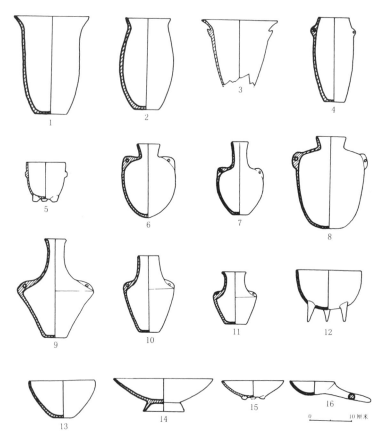

图一六   水泉遗址出土的陶器

1、2.侈口深腹罐   3.角把罐   4.双耳罐   5.三足小罐   6~8.小口双耳罐
9~11.折肩壶   12.三足钵   13.平底钵   14.圈足碗   15.三足小碟   16.陶
勺

陶。夹砂陶中往往还夹有蚌壳片、云母片和滑石粉末。多数器
物亦无纹饰，少数有纹饰，以粗、细绳纹为主，还有戳刺纹、
锥刺纹、篦点纹、刻划纹、席纹、网格纹、附加堆坟、花边纹

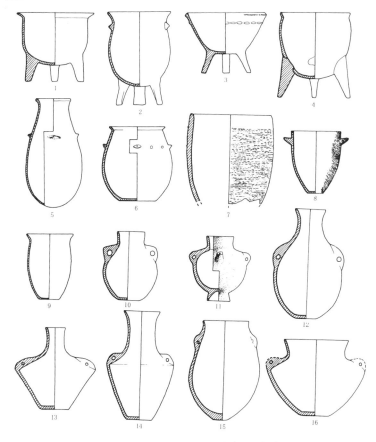

图一七　贾湖遗址出土的陶器（一）

1.折沿鼎　2.罐形深腹鼎　3.盆形鼎　4.罐形鼎　5.深腹圜底罐　6.折沿罐　7.大口深腹罐　8.角把罐　9.侈口深腹罐　10～12.小口双耳壶　13、14.折肩壶　15.大口折肩壶　16.大口双耳罐

和指甲纹等，还出现陶衣，其中篦纹不多，已成为非主要纹饰。器物种类有鼎、甑、罐、壶、钵、盆、碗等，最少的是甑（图一七、一八）。各类器物的形制比较复杂，变化较大，

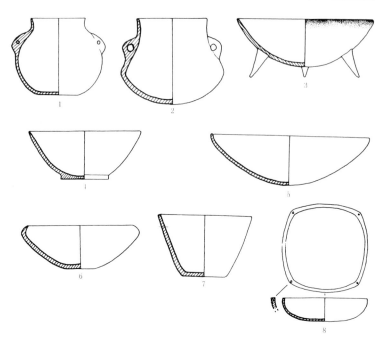

图一八　贾湖遗址出土的陶器（二）

1、2.扁腹壶　3.三足钵　4.假圈足碗　5.圜底钵　6.敛口平底钵　7.深腹盆　8.方口盆

其中尤以壶、罐最为突出。较大型的器物亦较多。

贾湖遗址鼎的形制有罐形鼎、盆形鼎和釜形折腹鼎三种。罐形鼎有的形体较大，深腹圜底近平，圆柱形足或扁足，这种鼎在其他遗址未见。有的则形体较小，腹更深，高足，此种鼎与裴李岗和石固出土的深腹高足鼎相似，但足为扁足则不同。盆形浅腹高足鼎亦与石固的同类器相似，但腹多饰有扁乳丁纹，足亦为扁足。釜形折腹鼎较少，其形制与后来的仰韶文化中的釜形鼎相似。

　　贾湖遗址罐的形制变化大，形式多样，大致有侈口深腹罐、角把罐、大口折沿罐、大口深腹直口罐、双耳罐和扁腹罐等。侈口深腹罐与裴李岗的同类器相似。角把罐则与石固晚期的同类器相似。大口深腹罐有的与莪沟的同类器相似，但腹微鼓，并饰有绳纹，有的则不同。大口折沿或卷沿的深腹罐则为其他遗址所未见。双耳深腹罐形制与水泉的同类器相似，有的口较大，腹较浅，与石固出土的钵（H274∶2）相似。扁腹罐在其他遗址未见。

　　贾湖遗址陶壶的形制有两种，但形式多样。一种是小口短颈双耳壶，直颈或束颈，圆腹或椭圆腹，与裴李岗和莪沟的同类器基本相同，这种壶较少。另一种是大口无颈双耳壶，出土数量较多，这种壶在其他遗址中少见。小口双耳壶中未见三足壶而有假圈足壶，有不少长颈折肩壶，这与水泉的折肩壶比较接近，但颈比较粗大，亦有与石固相似的大口短颈折肩壶。扁腹壶则与石固出土的同类器相似。壶耳多弯月形，亦有桥形耳。底多小平底，亦有一些为圜底，还有个别为尖底。

　　贾湖遗址钵的形制有直口浅腹圜底、平底和三足钵，亦有直口深腹钵，还有敛口曲腹钵等，形式多样。其中三足钵较少，圜底或小平底钵较多，敛口曲腹小平底钵亦不少，深腹直口圜底或平底钵最少。其中敛口曲腹小平底钵与石固晚期的同类器相似，直口圜底浅腹钵、三足钵和直口深腹钵则与裴李岗的同类器相似。

　　盆在贾湖遗址出土较多。形制有浅腹盆和深腹盆两种。浅腹盆多为圆角方形，圜底近平，在其他遗址都未见，而且出土较多，很具特色。深腹盆均为直口深腹，小平底，有的口沿下有一对鋬耳，有的器表饰有刻划纹，其中带有耳的盆与石固出土的盆相似。

根据各遗址出土的陶器来看，它们既有鲜明的共性，也有一定的差异。各遗址陶器特征的共性，主要表现在陶质均有泥质陶和夹砂陶两种，陶色均以红陶或棕红陶为大宗，亦有一些灰陶，有的遗址还有黑陶。制法均为手制，都采用了泥条盘筑法。陶质都比较差，火候低，胎质不坚。器物种类都有鼎、罐、壶、钵、碗、盆、勺之类的炊具和饮食器皿，而且都是以罐、壶、钵为主要器物，出土数量最多，盆、碗的出土数量较少。器物的形制都有罐形鼎、盆形鼎，亦都有侈口深腹罐、小口双耳壶、三足钵和瓢形勺等具有代表性的典型器物。纹饰亦都有篦纹、乳丁纹、划纹、指甲纹等，其中篦纹包括直线篦纹和文字形折线篦纹两种，这两种纹饰亦是裴李岗文化中最具有代表性的典型纹饰。

各遗址陶器的差异，既表现在数量和种类上，亦表现在质量和制作技术工艺上，此外还表现在器物形制和纹饰方面。这些差异，有的是文化年代不同和发展水平不同造成的，亦有某些地方性差异，前者是主要的。

裴李岗文化的年代，据 ^{14}C 测定，距今有七八千年，早晚年代相差近千年之久。文化年代有早、晚，在文化发展水平上，年代早的和年代晚的自然有所不同，而发展水平不同，在文化特征上自然亦有差异。因此，裴李岗文化遗址中，各遗址出土的陶器有数量和种类的差别、质量和技术工艺水平的差别以及器物形制和纹饰的差别，这些无疑与其年代早晚不同和文化发展水平的不同相关。

在已经发掘的裴李岗文化遗址中，有的遗址已作过分期，其中长葛石固、郏县水泉和舞阳贾湖遗址都进行过分期。从这些遗址的分期看来，早、晚期的陶器，有其明显的发展演变规律，大体是：早期的陶器，均以红陶或棕红陶为主，灰陶很少，黑陶则未出现，晚期则灰陶的数量有所增多，并出现黑陶；制法虽然都是手制，但早期小件器物用手捏塑而成，大件器物则采用泥条盘筑法，晚期的陶器则多采用泥条盘筑法制成；早期陶器的质量都比较低，胎质松软，火候不高，有些陶片手捏即碎，晚期陶器的质量有所提高，胎质比较硬实，火候亦稍高；早期陶器的制作比较粗糙，胎壁有的厚薄不均，器表有的亦打磨不平，有的器形亦不规整，技术工艺水平低，晚期陶器的制作比较精细，胎壁厚薄均匀，器形规整，技术工艺水平有所提高；器物种类亦是早期少、晚期多，其中盆在早期阶段不见或少见，晚期多见，而且在晚期的陶器中还出现有甑；器形的变化是早期变化小晚期变化大；器体早期多比较小，较大的器物少，晚期则较大的器物较多；纹饰上，早期陶器饰有纹饰者少，其纹饰普遍只有篦纹、乳丁纹、划纹和指甲纹，晚期则有纹饰的较多，还出现绳纹、附加堆纹、席纹、网纹和花边等纹饰。

各类器物的形制，早、晚期的发展演变规律就更为明显。早期的鼎基本上都是罐形鼎，晚期出现盆形鼎和釜形折腹鼎。早期的罐基本上只有侈口深腹罐和筒状深腹罐，晚期则出现大口罐、角把罐、双耳罐、折沿或卷沿罐。早期的小口双耳壶，腹为圆球形或椭圆形，多为短颈，晚期的小口双耳壶则出现折肩壶和扁腹壶，壶颈出现长颈，而且出现大口粗颈或无颈的双耳壶。早期的钵多三足钵，圜底钵和平底钵少见，晚期的钵则有较多的平底钵，而且出现敛口曲腹平底钵。早期的器物多三足和圜底，平底较少，尤其是三足钵和三足壶在早期多见，晚

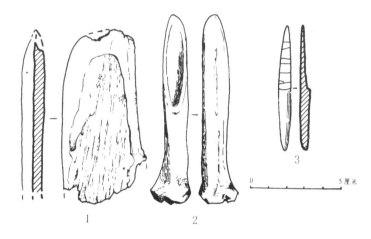

图一九   石固遗址出土的骨器
1、2.骨扱 3.骨镞

期则三足器和圜底器减少，平底器则多见，尤其是三足钵在晚期陶器中明显减少，三足壶则逐步消失。至于贾湖遗址出土圆角方形浅腹盆等一些比较特殊的器形，则很明显地表现出地方特点，与年代早晚的发展演变无关。

3.骨器的基本特征

裴李岗文化的骨器，早期遗址均出土不多，晚期遗址有较多的出土。其中出土骨器最多的是舞阳贾湖遗址，而且这里出土的骨器亦最具特色。

在裴李岗遗址出土的骨器中，只有笄、锥、针等，数量很少。石固遗址出土的骨器多一些，有骨镞、骨扱、骨匕、骨凿、骨锥、骨针和梭形器等（图一九），其中骨镞的形制有圆锥形、燕尾形、柳叶形、三棱镞等形式。骨扱亦有特色，用骨管制作，一端保留骨节，另一端削磨成斜刃，刃有圆弧刃和方刃。骨锥则为扁锥体，顶端是宽扁骨臼，下端削成尖锋。水泉遗址出土的骨器亦很少，有骨锥、镞、匕三种，其中骨锥是用动物的肢骨做成，圆锥形，骨镞作柳叶形，骨匕用骨片制成，长条形，宽弧刃，上部穿有圆孔。

贾湖遗址出土的骨器，数量和种类都相当多，还有角器和牙器。用料有鹿、牛、猪的肢骨，以鹿的肢骨为主。用途有劳动生产工具和生活用具，其中劳动工具包括狩猎、捕鱼、手工业和农业等类工具。各类骨器均磨制精致，有不同的形式，有的形式多样，变化大（图二〇）。

贾湖遗址出土的狩猎工具主要有骨镞和骨矛，其中骨镞数量最多，共发现 270 枚，骨矛少。骨镞的形式复杂多样，分有八型若干式。体有圆形、椭圆形、梭形和扁体之分，有的有铤无翼，有的有铤有翼，有的则无铤亦无翼。翼的形式有倒刺形，亦有三角形。骨矛的形制分有两型。有的磨制精致，有的较粗糙。横剖面呈半圆形，锋尖呈三棱形。

贾湖遗址出土的捕鱼工具主要有鱼镖，出土数量亦不少，共获得 127 件。形式多样，分六型若干式。体有长短，横剖面有圆角方形、菱形、圆形、椭圆形等，有的有铤有翼，翼有多有少，倒刺，有的则无翼。铤有圆柱形和尖锥形。

贾湖遗址出土的手工业工具用途比较明确者，主要有骨凿和骨针。骨凿出土不多，这类骨器的特点是经过长期使用后，通体光滑，多残器，顶部或刃部残缺，亦有完整器。形式分有三型，主要是体有长短和宽窄的不同，刃有平刃和圆弧刃，顶端多保留有骨关节。骨针出土较多，达 177 枚，有长有短，有粗有细，有圆有扁，多有针眼，有的针眼残断。

贾湖遗址出土的农业工具主要有骨耜。这类工具发现很

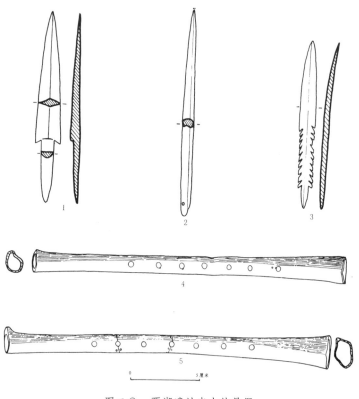

图二〇　贾湖遗址出土的骨器

1. 骨镞　2. 骨针　3. 鱼镖　4、5. 骨笛

少，是用猪的肩胛骨做成，凹刃，刃部有明显的使用痕迹，形制与河姆渡遗址出土的骨耜类似，但骨料不同，而且未钻孔。

贾湖遗址出土的生活用具主要有骨刀、骨匕、骨柄和骨饰等。其中骨饰有骨环和骨管等。

裴李岗文化的骨器中，最具特色的器物是骨笛，在其他新石器文化中均不见。这类骨器，在汝州中山寨和舞阳贾湖遗址都有出土，其中中山寨出土很少，贾湖出土不少，共有 25 支。

贾湖所出的 25 支骨笛中，骨料都是丹顶鹤的尺骨，其特点是骨壁薄，中宽，是比较理想的发音管，在骨管上钻有音孔。这 25 支骨笛中，骨管有长短，音孔亦有多少的不同，有五孔、六孔、七孔、八孔几种。有的骨笛上还有刻符。这种骨笛是吹奏乐器，是裴李岗文化骨器中的珍品。它的发现亦有重要意义，说明距今七八千年时，人们已经知道用鸟类的尺骨制作吹奏乐器，由此推知，当时亦有可能用竹管制作竹笛，只是这类遗存难以保存下来而已。

注　释

[1] 开封地区文物管理委员会等《裴李岗遗址一九七八年发掘简报》，《考古》1979 年第 3 期。

[2] 同 [1]。

[3] 中国社会科学院考古研究所河南一队《1979 年裴李岗遗址发掘报告》，《考古学报》1984 年第 1 期。

[4] 中国社会科学院考古研究所河南一队《河南新郑沙窝李新石器时代遗址》，《考古》1983 年第 12 期。

[5] 河南省博物馆等《河南密县莪沟北岗新石器时代遗址发掘报告》，《河南文博通讯》1979 年第 3 期。

[6] 河南省文物研究所《长葛石固遗址发掘报告》，《华夏考古》1987 年第 1 期。

[7] 中国社会科学院考古研究所河南一队《河南郏县水泉裴李岗文化遗址》，《考古学报》1995 年第 1 期。

[8] 中国社会科学院考古研究所河南一队《河南汝州中山寨遗址》，《考古学报》1991 年第 1 期。

[9] 河南省文物考古研究所《舞阳贾湖》（上卷），科学出版社 1999 年版。

[10] 巩义市文物保管所等《河南巩义市瓦窑嘴新石器时代遗址的发掘》，《考古》1999 年第 11 期；《巩义市瓦窑嘴遗址第三次发掘报告》，《中原文物》1997 年第 1 期。

［11］开封地区文管会等《巩县铁生沟新石器时代遗址试掘简报》，《文物》1980
    年第 5 期。

［12］同［9］，第 64～65 页。

［13］同［1］。

［14］同［5］。

［15］同［7］。

［16］同［9］，第 131～135 页。

［17］同［3］。

［18］同［4］。

［19］同［3］。

三 裴李岗文化的年代、分期与类型

　　裴李岗文化的年代，据 ^{14}C 测定，距今大约七八千年，比仰韶文化的年代早千余年。裴李岗文化的发展大致亦延续了一千多年。在这一千多年的发展过程中，文化面貌特征有明显的变化，可以进行分期，同时亦可以划分出不同的类型。对于裴李岗文化的分期，目前只局限于各遗址的分期，未作综合分期。对于文化类型的划分，有不少人提出了意见，其中有分歧，亦有相同的认识。

（一）裴李岗文化的年代

　　裴李岗文化的年代，考古界的认识是一致的，都肯定它早于仰韶文化，属新石器时代早期文化。这种认识是有根据的，主要根据有如下三点：一是裴李岗文化的发展水平比仰韶文化低，文化面貌特征亦比仰韶文化原始；二是有地层关系的依据，在有些遗址中，已经发现有仰韶文化与裴李岗文化上下相叠的地层关系；三是有 ^{14}C 测定的年代数据为证，据 ^{14}C 测定的年代数据，裴李岗文化的年代距今为七八千年，比仰韶文化的年代早一千多年。

1. 裴李岗文化与仰韶文化的比较

　　裴李岗文化的发展水平比仰韶文化低，文化面貌特征亦比仰韶文化原始，通过对两者的文化遗存作具体的比较，就可以得出明确的认识。

　　裴李岗文化和仰韶文化有共同的分布地域，裴李岗文化分布区亦是仰韶文化的分布区之一。但是，在裴李岗文化和仰韶文化分布的范围内，裴李岗文化遗址发现少，而仰韶文化遗址则发现多。例如，河洛地区是裴李岗文化和仰韶文化分布的中心区，在这一地区发现的裴李岗文化遗址只有几十处，而仰韶文化遗址则发现 200 处左右。

　　在已发现的裴李岗文化遗址和仰韶文化遗址中，前者的面积很小，后者的面积则比较大。

　　裴李岗文化遗址的面积，小的在 1 万平方米上下，大的亦只有 5 万多平方米。面积最小的是密县莪沟遗址，只有 8000 平方米。面积最大的是舞阳贾湖遗址，为 5.5 万平方米。新郑裴李岗遗址的面积为 2 万平方米左右，而沙窝李遗址的面积则只有 1 万平方米。长葛石固遗址和汝州中山寨遗址的面积虽然都在 10 万平方米以上，但遗址的内涵并不是单纯的裴李岗文化，而包含有仰韶文化。至于仰韶文化遗址的面积，小的一般都有几万平方米，大的则有几十万平方米，郑州大河村仰韶文化遗址的面积就有 30 多万平方米，多数遗址的面积在 10 万平方米上下。

　　裴李岗文化遗址的内涵一般并不丰富，只有个别遗址比较丰富，仰韶文化遗址的内涵则相当丰富。在裴李岗文化遗址中，多数遗址只发现了一些房基和灰坑，出土的遗物并不丰富，只有个别遗址发现的房基、灰坑较多，出土的遗物亦比较丰富。有的遗址未发现房基，只有少量的灰坑，有的遗址只发现几座房基。发现房基、灰坑最多的是贾湖遗址，其中房基有 30 多座，灰坑有几百个。出土的遗物中，多数遗址只有少量的陶器、石器，骨器很少，惟贾湖遗址出土的陶器和石器都比较丰富。仰韶文化遗址发现的房基、灰坑虽然有多有少，但规模较大的遗址一般都有较多的房基、灰坑发现，出土的遗物中一般都有大量的陶器、石器，亦有比较多的骨器。

裴李岗文化遗址出土的遗物中，多数遗址的石器基本上只有农业生产工具，包括石斧、石铲、石镰、石磨盘和石磨棒几种。石锛和石凿之类工具很少见，只有贾湖遗址比较多见。陶器则以鼎、罐、壶、钵、碗、盆、勺为主，亦有一些盘、豆和器盖之类的器物，基本上只有炊具和饮食器皿，储容器少见。骨器多数遗址只出土镞、针、锥几种器物，只有贾湖遗址出土的骨器种类和数量比较多，种类包括手工业工具、渔猎工具和生活用具等。仰韶遗址出土的石器则农业工具和手工业工具都常见，包括斧、铲、刀、锛、凿之类工具均是常见的器物。陶器的种类也比较多，有鼎、釜、甑、罐、钵、盆、碗、壶、小口尖底瓶、盘、豆、瓮、缸、器盖等，包括炊具、饮食器、水器和储容器皿等。此外还有大量陶制的工具和瓮棺。骨器则一般都包括农业工具、手工业工具和渔猎工具三类。

裴李岗文化遗址发现少，面积小，内涵还不丰富；仰韶文化遗址发现多，面积大，内涵丰富。这些情况充分说明，裴李岗文化的发展水平还比较低，仰韶文化的发展水平则比较高。

裴李岗文化不仅比仰韶文化的发展水平低，而且文化面貌特征亦表现出比仰韶文化原始。这从两者的遗迹和遗物特征上都很明显地表现出来，尤其在两者的房屋建筑方法和技术以及陶器特征上表现得更为突出。

裴李岗文化的房屋建筑遗迹都是半地穴式基址。面积很小，多数只有几平方米，只有少数房基的面积在10平方米以上。房基的地面很少经过铺垫，房基内发现的柱洞亦很少垫有柱础石，结构非常简单。仰韶文化的房屋建筑遗迹，虽然也有半地穴式建筑基址，但有不少地面建筑基址。房基的面积亦比较大，一般都在 10 平方米以上，而且有不少在 20 平方米左右，有个别大型房基的面积达 100 平方米以上。房屋的建筑结构也比较复杂讲究，其中半地穴式房基地面多经过铺垫，坚实平整。房基内的柱洞亦多垫有柱础石。地面建筑的房屋就更加讲究了，不仅地面经过铺垫，而且有的还用细泥抹平。墙壁则有泥墙和木骨泥墙之分，有的墙壁还经过火烧，有的地面亦经火烧。因此，裴李岗文化的房屋建筑方法和技术显然比仰韶文化房屋的建筑方法和技术原始。

裴李岗文化的陶器特征亦很明显地表现出比仰韶文化原始。裴李岗文化陶器的特点是以红陶为主，灰陶少，黑陶更少。胎质松软，火候比较低，有的陶片手捏即碎。制法均为手制，小件器物用手捏塑而成，较大件的器物则采用了泥条盘筑法。制作技术工艺水平比较低，有不少器物的制作粗糙，胎壁厚薄不均，有的器表打磨不平。多数是素面陶，其中有的经过打磨，少数饰有纹饰，纹样简单，多数只饰划纹、篦纹、乳丁纹、坑点纹和指甲纹，少数饰有拍印的绳纹，亦有一些附加堆纹。在个别遗址内则出土了少量的彩陶片，主要纹饰为彩带。器物种类少，且形成比较简单，尤其是以小型器居多，只有一些较大型的器物，主要是有一些较大的罐。

仰韶文化陶器也以红陶为主，但有较多的灰陶和黑陶。胎质坚硬，火候高。制法虽然也以手制为主，但普遍采用了泥条盘筑法，并出现了慢轮修整器物口沿的技术。制作工艺水平相当高，胎壁厚薄均匀，器形规整。有较多的器物饰有纹饰，其中有彩绘的花纹，亦有刻划和拍印的纹饰。彩陶相当发达，是仰韶文化中最具特色的陶器。彩绘的颜色有黑红两色，花纹复杂，有人面纹、鱼纹、鸟纹、鹿纹、蛙纹、各种几何形状以及植物花卉纹等等，多彩多姿。刻划纹饰则有弦纹、划纹、锥刺纹、戳刺纹等，拍印纹饰以绳纹为主，亦有布纹、席纹、编织纹，还有附加堆纹等。器物种类比较多，形制亦比较复杂，形式变化多，各类器物都有不同的形式，而且多大型器。上述种种情况都显示出仰韶文化面貌特征要比裴李岗文化进步。

裴李岗文化和仰韶文化都分布在同一地区，而这两种文化的发展水平有高低的不同，文化面貌特征亦有原始与进步之别，这与两者的年代不同有密切的关系。文化发展水平低和面貌特征原始，其年代一般要比文化发展水平高和文化面貌特征进步的为早。

2. 裴李岗文化与仰韶文化的地层关系

裴李岗文化的年代早于仰韶文化，不仅可以通过两者的发展水平和文化面貌特征的比较分析作出推断，而且亦有地层关系可作证明。在目前经过发掘的裴李岗文化遗址中，已经在某些遗址内发现有仰韶文化与裴李岗文化上下相叠的地层关系，而且在已调查的某些遗址中，亦发现有裴李岗文化遗物和仰韶文化遗物共存的遗址。

已发现仰韶文化与裴李岗文化层相叠的遗址，主要有长葛石固遗址和汝州中山寨遗址，还有渑池班村遗址及孟津妯娌遗址等，其中后两个遗址的发掘资料尚未发表。

石固遗址的地层中，在 A 区发现的文化层较厚，基本上都是仰韶文化层直接叠压在裴李岗文化层之上。后者的遗迹尤为丰富。

石固遗址 A 区 T5 东壁地层剖面分三层：第一层为耕土层；第二层为仰韶文化层，内含陶片有钵、盆、罐、小口尖底瓶、缸等器形，打破此层的灰坑亦出土彩陶壶、灰陶罐、钵和小口尖底瓶等器类陶片；第三层内含陶片有侈沿深腹罐、直口篦纹罐、三足钵、大口折肩壶、双耳壶、角把罐等，为裴李岗文化层。

T51 和 T52 北壁的地层则分五层：第一层为耕土；第二层为仰韶文化层，出土陶片有红色彩纹白衣彩陶片；第三层为裴李岗文化层，出土陶片有篦纹罐、侈口深腹罐、角把罐等；第四层为裴李岗文化层，出土陶片有钵、小口双耳壶、篦纹罐等；第五层为裴李岗文化层，内含陶片有三足钵、敛口钵、红陶壶等。

根据地层和出土陶器的变化，石固遗址的文化遗存亦进行了分期，共分八期，其中一至四期属裴李岗文化，五至八期属仰韶文化。

汝州中山寨遗址的文化内涵则以仰韶文化为主，亦有裴李岗文化遗存。其地层堆积依 T101 和 T102 的层位是：第一层为耕土；第二层属仰韶文化层，出土的陶片有灰陶和红陶碗、钵、盆、小口尖底瓶、罐、扁腹釜、带凹槽的鼎足，并有较多的彩陶，纹饰亦比较复杂，有条纹、圆点纹和弧线三角纹等，有的施白衣，以黑彩为主，少数兼有红彩；第三层为仰韶文化层，出土陶片与第二层大致相同，但彩陶较少，纹饰简单，白衣少见；第四层出土的陶片以红陶为主，灰陶少见，有三足钵、双耳壶、侈口罐、筒形角把罐等器形，纹饰以篦纹为主，亦出有一片彩陶，属裴李岗文化层。

该遗址的文化分期则分五期，其中第一期属裴李岗文化，第二期属仰韶文化庙底沟类型，第三期亦属仰韶文化庙底沟类型，第四期属仰韶文化秦王寨类型，第五期文化风格与大何村类型相近或相似。

此外，在调查的遗址中，还发现有些遗址同出土有仰韶文化和裴李岗文化的陶器。

在新郑县的唐户遗址采集到裴李岗文化的石磨盘、石磨棒、三足钵以及仰韶文化的彩陶片、釜形鼎等。

在登封县的东岗岭遗址采集到大量的仰韶文化陶片，包括彩陶片和鼎足，亦采集到石磨盘、石磨棒之类的裴李岗文化遗物。

在巩县赵城遗址采集到仰韶文化的彩陶片以及鼎、罐、钵、盆、小口尖底瓶之类陶片，也采集到裴李岗文化的石磨棒[1]。

在巩县水地河遗址的调查中，亦发现仰韶和裴李岗文化遗存，采集到的仰韶文化遗物十分丰富，裴李岗文化遗物较少，并发现了两者相叠的地层[2]。

上述包含有仰韶文化和裴李岗文化遗存的遗址，如果经过发掘，亦有可能发现两者相叠的地层。仰韶文化与裴李岗文化上下相叠的地层关系，证明裴李岗文化的年代应早于仰韶文化。

3. ^{14}C 测定的年代

在裴李岗文化遗址的发掘中，各遗址都采集有木炭标本以便作^{14}C 测年。各遗址所测定的年代数据一般均有多个。

裴李岗遗址测定的^{14}C 年代数据有六个：ZK572 距今为9300±1000 年（公元前 7350±1000 年），ZK434 距今为 7885±480 年（公元前 5935±480 年），ZKT154 距今 7445 年（公

元前 5035 ± 2000 年），ZK571 距今为 7145 ± 300 年（公元前 5195 ± 300 年），ZK751 距今为 6435 ± 200 年（公元前 4485 ± 200 年）[3]。这六个数据中，一般认为第一个数据的年代可能偏早，最后一个数据的年代可能偏晚。除这两个年代数据不采用外，裴李岗遗址[14]C 测定的年代数据，最早的是距今 7885 ± 480 年（公元前 5935 ± 480 年），最晚的是距今 7145 年 ± 300 年（公元前 5195 ± 300 年）。

密县莪沟遗址测定的年代数据有两个：H27 出土的木炭标本经中国社会科学院考古研究所[14]C 实验室测定的年代距今为 7420 ± 80 年（公元前 5290 ± 80 年）；T24 出土的木炭标本经文物保护科学技术研究所的测定，其年代距今为 7265 ± 160 年（公元前 5315 ± 60 年）[4]。

长葛石固遗址的[14]C 测定年代数据有三个：据文物保护科学技术研究所化验室对 T41H159 出土的木炭标本的测定，WB—19—60 距今为 7450 ± 90 年，文化分期属 II 期；据 H 区 56238 出土的木炭标本测定，WB80—15 距今为 7295 ± 85 年，文化分期属 III 期；据 A 区 T52H197 出土的木炭标本测定，WB80—17 距今为 7010 ± 85 年，文化分期属 IV 期[5]。

郏县水泉遗址[14]C 测定的年代数据亦有两个。据 H80 和 H43 两个晚期窖穴出土的木炭标本测定，分别为距今 7270 ± 120 年（公元前 5320 ± 120 年）和距今 7160 ± 110 年（公元前 5210 ± 110 年）[6]。

汝州中山寨遗址的裴李岗文化遗存，[14]C 测定的年代数据亦有两个：ZK—1367 距今为 7390 ± 100 年，ZK—1368 距今为 6955 ± 90 年[7]。

舞阳贾湖遗址[14]C 测定的年代数据共有 19 个。距今分别为 7050±80 年至距今 8285±100 年[8]。

<h4 style="text-align:center">贾湖遗址¹⁴C 测定年代数据表</h4>

实验室编号	样品来源	期段	样品物质	实测¹⁴C年龄（距今）	树轮校正年龄	
					最可几值（公元前）	年代范围（公元前）
WB83—60	H1	Ⅱ5	木炭	7920±150	6460	6620～6360
DY—K0185	H82	Ⅰ1	草木灰	7561±125	6170	6280～6020
DY—K0186	H29	Ⅱ4	草木灰	7105±120	5740	5840～5630
DY—0188	H55	Ⅲ8	草木灰	7017±130	5650	5750～5520
DY—K0189	H39	Ⅱ4	草木灰	7137±130	5750	5930～5650
BK91007	H76	Ⅰ2	果核	7960±60	6590	6530～6430
BK94126	H187	Ⅰ3	木炭	8285±100	7040	7060～6990
BK94127	H174	Ⅲ7	木炭	7450±80	6050	6160～5980
BK94172	H84	Ⅰ1	草木灰	7415±80	5990	6120～5970
BK94173	H37	Ⅰ2	木炭	8190±75	7000	7040～6650
BK94174	H105	Ⅲ8	木炭	7825±80	6410	6560～6250
BK94175	H102	Ⅲ8	木炭	7510±90	6150 6060	6180～5990
BK94176	H339	Ⅱ6	木炭	7650±70	6200	6320～6180
BK94177	H229	Ⅱ4	木炭	8090±110	6620	7000～6500
BK94178	H112	Ⅰ3	木炭	8225±70	7010	7040～6800
BK95013	H341	Ⅰ1	人骨	7050±80	5700	5750～5620

根据各遗址¹⁴C 测定的年代数据，裴李岗文化的年代，最早的距今有 8000 多年，最晚的距今 7000 多年，其中以距今 7200～7400 年的年代数据比较集中。这些年代数据都未经树轮校正，如经树轮校正，可能还要早一些，因此，考古学界一般都把裴李岗文化的年代确定在距今七八千年。不过，从¹⁴C测定的年代数据看来，最早的年代数据是贾湖遗址测定的年代数据，但从文化发展水平看来，贾湖遗址的裴李岗文化要比其他遗址的发展水平高，而且文化面貌特征亦没有其他遗址的文化面貌特征原始，据此看来，贾湖遗址的裴李岗文化其年代似

应比其他遗址晚。而仰韶文化的年代，据[14]C 测定的年代数据，最早的为距今 6000 年左右，因此，裴李岗文化的年代比仰韶文化早一两千年。

（二）裴李岗文化的分期

裴李岗文化延续了千余年之久。在各遗址发现的裴李岗文化堆积中，有的未区分出不同的层次，有些遗址则区分出了不同的层次，而且还发现灰坑、墓葬的打破关系。在各遗址发现的裴李岗文化遗存中，出土的陶器有的差别不大，有的则有非常明显的区别。因此，对裴李岗文化进行分期，可以说已经具备必要的条件。

但是，各遗址所发现的裴李岗文化堆积，厚薄各有不同。堆积层较薄者一般未区分出不同的层次，堆积层厚者一般都区分出不同的堆积层次。在已区分出不同的堆积层次的遗址中，有的只区分出上下两层，有的则区分出三层，有的在各层次中还有 A、B 层之分。而且各层次发现的灰坑和墓葬之间，有的还有打破关系。出土的陶器亦有明显的区别，因此各遗址的文化分期亦有所不同。

目前，在已经做过发掘的遗址中，已进行过分期的遗址主要有裴李岗遗址、石固遗址、水泉遗址和贾湖遗址四处。这些遗址，有的分两期，有的分三期，有的分四期。

1. 裴李岗遗址的文化分期

新郑裴李岗遗址的分期是在 1979 年的发掘中作的，在 1977 年的试掘和 1978 年的发掘中都未进行分期。1979 年发掘时，该遗址的文化堆积层区分出上下两层，而且在上、下层中都发现有墓葬，因此把当时所清理的一批墓葬作了区分，其中上层 70 座，下层 12 座。同时还把上下两层墓出土的石器和陶器进行了比较，分析出两者存在一定的差别。

上、下层墓出土的石器和陶器的主要差别是：下层的石镰把端都带有缺口，上层除带缺口外，还出现个别穿孔镰；下层墓的石铲以两端圆弧形为主，少数窄顶圆刃，上层的器形增多，出现圆角方顶和平顶两种类型；下层的石磨盘两端都呈圆形，上层的除两端圆形之外，还出现了前端尖圆形和后端方形两种类型，磨盘足则上层墓更矮；下层墓的三足钵有个别大型深腹矮足，而小型的三足钵少见，上层墓三足钵不见大型深腹矮足的，小型三足钵却比较多，且有的足很高；下层墓的双耳壶变化少，有个别长腹横耳壶，上层墓的类型较多，但不见长腹横耳壶，而出现少数大型壶和长颈壶；下层墓的深腹罐有大口折沿腹饰划纹、侈口素面和敛口颈部饰乳丁纹三种，上层的则不见大口折沿和敛口罐；下层墓未见带乳丁纹鼎和小型的豆，上层墓则有出土。

裴李岗遗址的墓葬有上下两层墓之分，而且上、下层墓出土的石器和陶器亦有一些区别，因此该遗址的文化可分为早、晚两期，其中下层墓出土的石器和陶器代表早期，上层墓出土的石器和陶器代表晚期。这两期陶器的变化比较明显的是：早期的三足钵有大型深腹矮足的形制，小型少见，晚期则大型深腹钵已不见，小型三足钵多见，并出现了高足钵；早期的小口双耳壶多小型，颈较短，晚期出现了大型壶和长颈壶；早期的罐有敛口筒状深腹颈部饰乳丁纹和侈口深腹罐，晚期敛口筒状深腹乳丁纹罐不见，以侈口深腹罐为主；早期未见乳丁纹鼎，晚期出现了这种鼎。

2. 石固遗址的文化分期

长葛石固遗址的地层比较复杂。有的探方内发现的裴李岗文化层比较薄，未区分出不同的层次，如 T5 的地层堆积：第一层为耕土；第二层为仰韶文化层；第三层为裴李岗文化层，厚 10~20 厘米，这个探方的裴李岗文化层只有一层。有的探方内的裴李岗文化堆积层则比较厚，区分出不同的层次，如 T51 和 T52 探方的地层共分五层：第一层为耕土；第二层为仰韶文化层；第三层至第五层均为裴李岗文化层。此外还发现灰坑、墓葬的打破关系。各层出土的陶片，器形和纹饰的变化亦比较明显。根据地层和各层出土陶器特征的变化，该遗址的裴李岗文化遗存被分为四期。

第一期的陶器较少，均为红陶，有泥质和砂质两种，以夹砂陶居多。器形主要有壶、罐、钵三种，以壶最多，次为罐，钵较少。壶的形制均为小口双耳，腹近圆形或椭圆形，颈短，多束颈。罐有侈口深腹罐和直口鼓腹深腹罐两种。钵有三足钵和直口平底钵两种。有纹饰的器物少，常见刺点纹和篦纹两种。

第二期的陶器较多，亦为红陶，以泥质陶居多，夹砂陶少一些。器物种类有钵、碗、壶、罐、杯几种，以壶最多，次为罐。纹饰亦有刺点纹和篦纹，以篦纹为主，且比一期的篦纹密集。各类器物的形制是：壶均为小口圆腹或椭腹双耳，束颈较短；钵有三足钵、直口圜底或平底钵，其中三足钵的腹有深腹和浅腹两种，短锥状足；罐有直口鼓腹小平底和侈口深腹两式，前者饰篦纹，后者为素面。

第三期陶器数量增多。除红陶外，出现一些灰陶。器物种类有钵、鼎、罐、壶、碗等。纹饰有乳丁纹、篦纹、刺点纹、划纹，以篦纹为主。有的器物不仅饰篦纹，而且还有点线相间，或上部饰坑点纹，下部饰篦纹，结构比较复杂。各类器物的形制是：鼎为罐形，沿外侈，束颈深腹，圜底，底部附有三个长锥足，上腹饰三个乳丁纹；钵有三足钵、圜底钵和敛口曲腹平底钵三式，其中敛口曲腹平底钵是新出现的器形；罐有侈口深腹和直口深腹微鼓两式；壶有小口双耳圆腹和椭圆腹壶、短束颈壶，并出现小口长颈折肩壶；碗为假圈足碗。

第四期的陶器出土数量更多。亦以红陶为主，灰陶比三期增多。器类有钵、鼎、壶、罐、盆、碗、杯、勺、豆、器盖等。纹饰以篦纹为主，亦有坑点纹、划纹，并出现细绳纹，篦纹的花样较多，细绳纹排列无规律。还出现彩陶，在 H96 灰坑和 F7 房基出土的陶片中各有一片彩陶片。各类器物的形制亦有变化：鼎的形制为大口浅腹圜底高足盆形鼎；壶出现大口短颈双耳壶、大口折肩壶和大口双耳扁腹壶等新器形；钵亦有三足钵、直口圜底钵和敛口曲腹钵三式；罐除侈口深腹罐、直口深腹罐外，出现了大口深腹角把罐；盆是新出现的器形，深腹圜底，口沿下有一对錾耳；碗有假圈足和圈足两式。

从石固遗址一至四期陶器的发展演变看来，一、二期变化不大，二、三期之间开始出现比较明显的变化，三、四期的变化亦比较明显。一、二期的陶器均为红陶，未见灰陶，器物种类有壶、钵、碗、罐几种，各类器物的形制和纹饰亦接近，差别小。从第三期开始，变化比较明显，主要是出现了灰陶，而且出现了罐形鼎。小口双耳壶和钵亦出现了新器形，如小口双耳壶出现了长颈折肩壶，钵则出现了敛口曲腹平底钵。第四期的变化更大，主要是灰陶增多，而且出现了彩陶。器物种类中出现了盆形鼎、带錾耳的深腹盆、角把罐、大口双耳折肩壶、扁腹壶、圈足碗和圈足豆等新器形。

石固遗址三、四期陶器虽然有较大变化，但与一、二期有延续性。主要表现在一、二期中的三足钵、小口短颈壶、束颈圆腹壶、椭圆腹双耳壶、侈口深腹罐和直口深腹罐在三、四期中仍然存在。纹饰中篦纹、坑点纹在三、四期中亦仍为主要纹饰。由此看来，石固一至四期陶器基本上是一脉相承，只是早、晚期有较明显的变化。

3. 郏县水泉遗址的文化分期

郏县水泉遗址的裴李岗文化共分三期，这一分期亦有地层依据。该遗址的地层分三层：第一层为耕土层；第二层为裴李岗文化层，内含遗存比较丰富；第三层亦为裴李岗文化层，内含遗存不丰富。在发现的灰坑和墓葬中有不少有打破关系。出土的遗物尤其是陶器亦有一些变化。

第一期陶器出土数量较少，均为红陶，有泥质和夹砂两种。已见的器物有钵、壶、罐三种。多数素面无纹，少数有纹饰，仅见篦纹。钵的器形有浅腹三足钵、圜底或平底钵、深腹平底钵三式。罐为侈口深腹罐。壶为小口短颈圆腹或椭圆形腹双耳壶。

第二期陶器出土数量多。大量的是红陶，亦有个别灰陶。器类有壶、罐、钵、碗、鼎、勺、器盖等。纹饰主要是篦纹，亦有一些指甲纹、乳丁纹、戳刺纹和划纹。各类器物的形制有不同的形式：壶的形制均为小口双耳壶，有圆腹和椭圆形腹，有短颈和长颈，有的近似于折肩壶；罐有侈口深腹罐、鼓腹乳丁纹罐、双耳罐等式；钵有三足钵，有短足和高足，还有直口深腹平底钵和敛口平底钵等式；碗为假圈足；鼎只发现鼎足。

第三期陶器出土数量更多。亦以红陶为主，有一些灰陶。

纹饰与第二期基本相同，但出现细绳纹和附加堆纹。器类有钵、壶、罐、盆等，其中盆是本期出现的器类。各类器物的形制有一定的变化，钵以深腹平底直口钵和敛口平底钵多见，三足钵少见；壶出现短颈壶、口较大的双耳壶和长颈小口折肩壶，以折肩壶多见；罐有角把罐、大口深腹罐、侈口深腹罐和三足罐等式。

水泉遗址一至三期陶器变化比较大的是第三期。这期的主要变化是出现了大口小平底深腹盆、小口长颈折肩双耳壶、角把罐、三足罐和敛口曲腹平底钵等新器形，而且还发现有口部施红彩的钵。纹饰上则出现绳纹和附加堆纹。但这三期的陶器特征亦有明显的延续性。

4．贾湖遗址的文化分期

贾湖遗址的裴李岗文化共分三期九段。这是目前已发掘的裴李岗文化遗址分期分段最多的一处。

该遗址的裴李岗文化堆积层比较复杂，在遗址的西部、中部和东部的地层情况有所不同。

遗址西部的地层分五层：第一层为耕土；第二层分 A、B 层，均未见遗物；第三层分 A、B、C 层，A 层未见遗物，B、C 层包含有大量陶器、石器和动物遗骨等遗物，为裴李岗文化层；第四层亦包含有遗物，但不多；第五层未见含有遗物。从包含物看来，第三层的 B、C 层是主要文化层，包含遗物丰富，第四层也是文化层，包含遗物不丰富。

遗址中部的地层分三层：第一层为耕土；第二层与东区 B、C 层相同，应为文化层；第三层与西区第四层相同，亦应属文化层，但无包含物。

遗址东部的地层分七层；第一层为耕土层；第二层为近代

层；第三层为汉代层；第四层为裴李岗文化层，包含陶片、兽骨、石器残片等；第五层为裴李岗文化层，包含遗物较多，有大量红烧土块和红陶片；第六层包含遗物少；第七层未见任何遗物。这七层中，裴李岗文化层实际上有三层。

此外，在灰坑和墓葬等遗迹中，亦有一些单位有打破关系。

根据地层和出土遗物的变化，该遗址的裴李岗文化分三期九段，每期各三段。各期陶器有变化。

第一期的陶器以夹砂陶为主，泥质陶少，主要是红陶和褐陶，有一些泥质灰陶，夹砂陶含有骨屑、蚌片。纹饰有绳纹、刻划纹和戳刺纹三种，有的有红色陶衣。器形主要有角把罐、双耳罐、罐形壶、方口盆、深腹盆、敞口钵、浅腹钵。第三段出现个别折沿罐、侈口罐、划纹盆、敛口钵和曲腹钵。

第二期陶器仍以夹砂陶为主，泥质陶显著增多，出现了不夹砂只夹骨屑和蚌片的陶系，而且还有一些夹炭和夹云母片的陶器。以红陶为主，亦有外红内灰陶，并出现了黑陶。纹饰亦有绳纹，还有篦点纹、花边纹和乳丁纹。器形有盆形鼎、罐形鼎、钵形鼎、侈口罐、折沿罐、卷沿罐、筒状篦纹罐、双耳罐、折肩壶、圆腹壶、斜肩壶、深腹壶、方口盆、曲腹钵、三足钵等。

第三期陶器以泥质陶居多，夹蚌和夹骨屑陶次之，夹炭陶增多。外红内灰和黑陶的数量增多。纹饰以篦纹为主，绳纹次之，花边纹和乳丁纹已不见，出现了一定数量的附加堆纹。器形主要有罐形鼎、盆形鼎、侈口罐、折沿罐、卷沿罐、敛口罐、圈足罐、双耳罐、折肩壶、圆腹壶、扁腹壶、圆肩壶、划纹盆、敛口盆、附加堆纹盆、敞口钵、敛口钵、曲腹钵、三足钵等。

这三期陶器中，比较有代表性的遗物是：第一期陶器有角把罐、双耳罐、罐形壶、方口盆、深腹盆和敞口钵几种；第二期有罐形鼎、盆形鼎、侈口罐、卷沿罐、折沿罐、双耳罐、折肩壶、圆腹壶、划纹盆、敛口盆、敛口钵、三足钵等。第三期有罐形鼎、盆形鼎、卷沿罐、折沿罐、双耳罐、折肩壶、扁腹壶、划纹盆、敛口盆、敞口钵和三足钵等。其中一、二期之间的变化较大，二、三期之间变化较小。在二、三期之间的变化中，最突出的是第三期出现扁腹壶。

5. 裴李岗文化的综合分期

在裴李岗文化的分期中，虽然有些遗址已作了分期，但各遗址的分期并不能代表整个裴李岗文化从早到晚的发展年代分期。这些遗址的分期并不相同，或分二期，或分三期，或分四期。各遗址的内涵亦有丰富程度的不同，有的遗址内涵不丰富，有的遗址内涵丰富。这种情况，反映出各遗址的文化发展水平和年代亦有别。有的遗址内涵不丰富，这反映出其文化发展水平不高，年代较早。文化内涵丰富的遗址，则反映出其文化发展水平较高，年代亦比较晚。因此，年代较早的遗址，其文化分期只代表裴李岗文化早期的分期，年代晚的遗址，其文化分期只代表裴李岗文化晚期的分期。

在已经进行过发掘的遗址中，包含有裴李岗文化早、晚期遗存的遗址，比较典型的是长葛石固遗址。该遗址内含的文化遗存，包括裴李岗文化和仰韶文化，其文化分期共分八期，其中裴李岗文化四期，仰韶文化四期。在裴李岗文化的四期中，一、二期的陶器与裴李岗、沙窝李和莪沟等遗址的陶器相同，二、三期的陶器则与上述遗址的陶器有别，主要是三、四期陶器中出现了盆形鼎、小口长颈折肩壶、大口双耳壶、敛口腹曲钵和深腹盆等新器形。因此，石固一、二期的裴李岗文化可以作为裴李岗文化早期的代表，而三、四期文化的面貌则与贾湖遗址的文化面貌有一定的共性。两者的陶器都有盆形鼎、角把罐、折肩壶、大口双耳壶、扁腹壶、敛口曲腹钵和深腹盆等。但两者亦有较大的差异，主要是石固晚期文化内涵并不丰富，发展水平较低，而贾湖遗址的内涵则相当丰富，发展水平较高。石固遗址内含的裴李岗文化虽然含有早、晚期遗存，但并不包括整个裴李岗文化从早到晚的遗存，其分期自然就不能代表整个裴李岗文化的分期。

对于裴李岗文化的综合分期，根据各遗址的文化内涵，同时参考各遗址的文化分期，结合起来考虑，大体上可分为早、中、晚三期（图二一）。早期以裴李岗遗址为代表，包括沙窝李、莪沟遗址和石固一、二期以及水泉一、二期遗存。中期则以石固三、四期遗存为代表，包括水泉三期和贾湖一期遗存。晚期则以贾湖二、三期为代表。这三期文化在陶器上都有明显的变化。

早期的陶器以红陶为大宗，亦有个别灰陶。胎质松软，火候低，制作粗糙。器物种类主要有鼎、壶、罐、钵、碗、勺几种。其中鼎的形制有罐形乳丁纹鼎和深腹高足鼎。壶均为圆腹或椭圆形腹小口短颈双耳壶。罐有乳丁纹深腹、侈口深腹和大口深腹微鼓三式。钵以三足钵最多，亦有一些直口圜底或平底钵。碗基本上是平底或假圈足。纹饰均以篦纹为主，亦有指甲纹、划纹和坑点纹。

中期陶器亦以红陶为主，但灰陶有所增多，并出现黑陶。胎质较硬实，火候稍高，制作较精细。器类和早期的器类相比变化不大，出现盆、豆。各类器物的器形有明显的变化，其中鼎不仅有早期的深腹高足罐形鼎，而且出现了盆形鼎。壶则出现小口长颈折肩壶、大口双耳壶、扁腹壶等新器形。罐出现角把罐和双耳罐，乳丁纹深腹罐已不见，侈口深腹罐仍常见。钵则出现了敛口曲腹平底钵，三足钵比早期少。碗出现了圈足碗。纹饰与早期基本相同，但出现了绳纹。

晚期陶器仍以红陶为主，但灰陶和黑陶比中期有所增加。胎质亦比较坚实，火候较高。制作技术更为精细。器类有所增多，器形变化较大。鼎类中有罐形鼎、盆形鼎，还出现折腹釜形鼎和甑。壶流行折肩壶、大口双耳壶、扁腹壶。罐流行角把罐、双耳罐，还出现折沿罐等新形式。钵亦有较多的敛口曲腹平底钵和圜底钵，三足钵已少见。盆的数量增多，而且形式多样，有深腹盆、浅腹盆，而且有比较多的双耳盆。纹饰则以绳纹为主，篦纹为次，且出现花边纹和附加堆纹等新纹饰。

（三）裴李岗文化的类型

裴李岗文化还可区分为不同的类型。在已经做过发掘或试掘的遗址中，各遗址的文化面貌既有共性，亦有某些差异。有的遗址之间文化面貌呈现出的共性比较突出，差异比较小，有的遗址之间文化面貌的差异则比较突出，共性比较小。由于各遗址的裴李岗文化面貌并不相同，或多或少都存在差别，因此，就有必要对裴李岗文化进行类型的划分，而且这也是有条件做到的。

裴李岗文化类型的划分问题，从 20 世纪 80 年代中期开始就有人提出。但是，由于当时裴李岗文化遗址进行过发掘的并不多，因此，文化类型的研究不可能深入展开。现在，裴李岗文化遗址经过试掘和发掘的多起来了，各地发现的裴李岗文化，对于其面貌特征都形成了一定的认识，从而对裴李岗文化类型的研究已经具备条件。

从 20 世纪 80 年代中期以来提出的裴李岗文化类型名称不少。有裴李岗类型、翟庄类型、贾湖类型、石固类型、莪沟类型、瓦窑嘴类型、中山寨类型等，这些类型中，把裴李岗遗址作为一种类型的代表，认识是一致的，所有的人在提出裴李岗文化类型划分时，基本上都是以裴李岗遗址代表一种类型，同时提出其他类型。

人们在划分裴李岗文化的类型时，考虑的角度有所不同。有的是从地理条件不同上考虑，如有人提出把裴李岗文化分为裴李岗类型和翟庄类型，前者以裴李岗、莪沟遗址为代表，后者以翟庄和贾湖遗址为代表。这两种类型的划分，就是从地区的不同考虑的，前者主要分布在浅山区和丘陵区，后者主要分布在平原地区[9]。有的则主要是从文化面貌特征的差异考虑，如有的学者根据汝州中山寨遗址下层发现的裴李岗文化遗存，与裴李岗和莪沟遗址的文化面貌特征有所不同，认为中山寨下层的裴李岗文化，"有其独具的一些特点，如夹砂质卷沿带角把的罐，断面呈三角形矮足以及绘黑彩菱形纹的彩陶等，目前这些器物在裴李岗文化遗址还没有发现过。至于裴李岗和莪沟的圈足碗或钵、假圈足碗、三足壶、敛口深腹口部或腹部饰有乳丁纹的罐、带把勺以及器座等，在中山寨下层则未见到。"还有一点重要差别，即裴李岗、莪沟遗址出土的陶器，陶质都比较疏松，泥质陶一般都是素面，磨光的较少；中山寨下层的陶器较硬，表面多磨光。根据这些差别，提出把"裴李岗文化划分为两种类型，即以裴李岗遗址为代表的裴李岗类型（包括莪沟、沙窝李、铁生沟、马良沟等遗址），和以中山寨下层为代表的中山寨类型"[10]。

对于翟庄类型，有人则主张称之为"贾湖类型"，认为贾湖遗址的文化内涵比较丰富，具有一定的典型性[11]。

我们认为，文化类型的划分主要应从地域性差异来考虑。在同一地域分布的裴李岗文化遗址，其文化面貌特征上存在的差异主要是年代不同的差异。由于发展阶段的不同，文化面貌特征就有变化。例如长葛石固遗址的裴李岗文化遗存，早晚期的文化面貌就有明显的差异，晚期的陶器出现了不少新器形。墓葬的随葬品亦出现变化，早期墓有随葬品的墓多，几乎每墓都有随葬品，晚期墓则无随葬品的占一半，这些差别是年代不同所造成的，可以通过文化分期来加以区分。而地域性的差异，则主要通过类型的划分来区别。

从这一认识出发，根据现有的发掘资料，笔者认为裴李岗文化大体上可分三种类型，即裴李岗类型、贾湖类型和花窝类型。

1. 裴李岗类型

裴李岗类型文化以新郑裴李岗遗址内含的遗存为代表，包括新郑沙窝李，密县莪沟、马良沟，长葛石固，巩县铁生沟、瓦窑嘴，汝州中山寨和郏县水泉等遗址的文化遗存。

这一类型文化的特点是：遗址的面积小，文化内涵不丰富，发现的建筑遗迹和灰坑都少；墓地的规模不大，有墓群之分，墓地内发现的墓葬数量有多有少；出土的遗物有石器、陶器、骨器，其中石器、陶器较多，骨器很少。各遗址的文化面貌都有鲜明而突出的共性，亦有某些差异。各遗址之间出现的某些差异，主要是年代有早晚而出现的变化。

裴李岗类型文化遗址的面积基本上都在 2 万平方米以下。例如，裴李岗遗址的面积约 2 万平方米，沙窝李遗址的面积约 1 万平方米，密县莪沟遗址的面积只有 8000 平方米，马良沟遗址的面积约 1 万平方米，巩县铁生沟遗址的面积亦只有 1 万平方米。面积较大的有长葛石固遗址和汝州中山寨遗址，前者的面积约 10 万平方米，后者的面积约 15 万平方米。但这两处遗址内含的文化遗存并不是单纯的裴李岗文化，都含有仰韶文化，因此应是例外。

这一类型文化遗址，其文化内涵都不丰富。有的遗址内尚未发现建筑遗迹，有的虽有发现，但不多，其中莪沟遗址发现 6 座，石固遗址发现 3 座，铁生沟遗址发现 1 座。灰坑发现亦不多，在已经过发掘的遗址中，有的只发现 20 个左右，最多的亦只有 70 多个。出土的遗物，多数遗址只出有石器、陶器，少数遗址亦有一些骨器出土。

这类文化遗址发现的建筑遗迹均为半地穴式房基。房基的面积都很小，只有几平方米，形状以圆形居多，亦有个别方形房基。房基地面多未经铺垫，但比较平坦，有的房基内有灶坑。多数房基都发现有柱洞，柱洞内多未发现柱石。房基内外都发现门道，门道或为斜坡式或为台阶式。

这一类型文化遗址出土的石器都有一些细石片，主要是磨制的石斧、石铲、石镰和琢磨兼制的石磨盘、石磨棒之类的农业生产工具和谷物加工工具，手工业工具极少见，个别遗址出土一些石凿和磨石。石斧的形制基本上都是长条形，体厚重，有长有短，平刃或弧刃。石铲亦长条形，体扁薄，亦有大小长短，弧刃或舌刃，有的两端磨刃，腰略内收，形状似鞋底形，这种铲很有特色。有的遗址出土了一些有肩石铲。石镰都作拱背平刃或凹刃，弯月形，刃部都有细密的三角形齿，或称锯齿镰，柄部较宽。石磨盘都有两种形式：一种是两端圆弧，腰略内收，呈鞋底形；一种是前端圆弧，后端近平，两侧边平直。这些石器的形制都是裴李岗类型文化石器常见的器形，其中石磨盘和石镰是最具特色的器形。

这一类型文化的陶器基本上都是泥质红陶和夹砂红陶，有的亦有一些灰陶，有的遗址则未见灰陶。胎质都比较疏松，火候不高，有些陶片手捏即碎。制法都是手制，小件器物用手捏成，较大件的器物采用泥条盘筑法。器物的种类基本上都只有鼎、罐、壶、钵、碗、勺之类的炊器和饮食器，个别遗址有盆。各类器物都有不同的形式，其中鼎有罐形鼎和盆形浅腹鼎。罐有侈口深腹罐、大口深腹罐、小平底罐和角把罐、双耳罐等，以侈口深腹罐多见，其他形式的罐少见。壶主要是小口短颈圆腹和椭圆形腹，有圜底、平底、假圈足和三足等不同形式，有的遗址亦有一些长颈折肩壶、大口双耳壶和扁腹壶。钵则以三足钵多见，亦有一些直口圜底或平底钵和敛口曲腹钵。碗有假圈足或平底碗。勺均为瓢形勺。盆为深腹平底。这些器形中，浅腹盆形鼎、角把罐、双耳罐、折肩壶、大口双耳壶、扁腹壶、敛口曲腹钵、深腹盆等，在个别遗址有出土，而且是晚期出现的器形。纹饰均以篦纹为主，其中都有直线篦纹和折线之字形篦纹，亦有一些乳丁纹、划纹、坑点纹，在个别遗址中亦有一些绳纹，有的则出土有彩陶片，亦是在晚期遗存中有发现。

这一类型文化的墓葬，葬式葬俗亦有共同的特点。在经过发掘的遗址中都有墓地发现，各墓地都有墓群，一般为两三个墓群。墓地内清理的墓葬，少者几十座，多者百余座。各墓地内的墓葬，墓坑方向和死者头向或完全相同，或多数相同、少数有别。基本上都是单人一次葬，亦有个别双人的合葬墓，以仰身直肢为主。

各墓地的墓葬中，或都有随葬品，或多数有随葬品，少数无随葬品。随葬的器物主要是石器、陶器之类的生产工具和生活用具，有些墓亦随葬绿松石饰。器物组合有四种：一是只随葬石器，或斧、或铲、或镰之类生产工具，个别墓有磨石；二是只随葬陶器，主要是壶、罐、钵之类生活用具，以壶最常见；三是既有石斧或石铲或石镰之类生产工具，亦有一些陶器为组合；四是既有石磨盘、石磨棒之类谷物加工工具，亦有陶器为组合。各墓随葬器物的数量有别，少者1件，一般为3~7件，多的有10余件，最多的有20多件。随葬器物多的主要是陶器，石器较少，随葬陶器多的墓都随葬石磨盘和石磨棒。

器物主要放在墓主身旁，有的则放在壁龛内。石器一般都放在墓主身旁两侧。随葬的陶器中，壶均放在死者头部，其他器物则放在死者身旁两侧或脚端。随葬陶器少者一般都是单件平放或立放，多者则分组堆放，一般是罐为一组，钵、碗有若干组，都是口朝下底朝上扣合在一起堆放。

2.贾湖类型

贾湖类型文化，以舞阳贾湖遗址的遗存为代表。这一类型文化与裴李岗类型的文化面貌有较大差异，亦有一些相同或相似的特征。它与裴李岗类型文化的差异，有发展水平较高、文化年代较晚的因素，亦有地方性差异因素。

贾湖类型文化的特点是：遗址的面积较大，内涵丰富，遗址内发现较多的房基、灰坑，还发现不少陶窑；出土的遗物有大量石器、陶器和骨器，还有大量的动物遗骨；墓葬的葬式葬俗，既有其自身的显著特点，也带有裴李岗类型墓的葬式葬俗特点。

贾湖遗址的面积约5.5万平方米。这是目前所发现的裴李岗文化遗址中面积最大的一处。

该遗址已发现的房基有40多座，基本上都是半地穴式建筑基址，亦有个别地面建筑。半地穴式房基多数是单间，但发现一些二间、三间和四间的套间房基。房基面积多数在10平方米以下，少数在10平方米以上，有的则在20平方米以上。最大的是F1，面积有40平方米，最小的是F7，面积只有2平方米。房基内的居住面一般用纯净的黄土铺垫，比较坚硬。有的房基内有柱洞，柱洞用黄土砸实，未垫有柱础石。有的房基内有火灶，少数房基内筑有土台，有的土台则是挖坑时留出的。有些房基内的堆积中有大量的红烧土块，据估计系涂抹在地面或墙壁上的草拌泥经火烧烤后作防潮之用。房基外亦有门道，有台阶式和斜坡两种。房基平面形状以圆形和椭圆形居多，不规则形少，有个别长方形房基。

贾湖遗址的墓地规模亦相当大，已清理的墓葬有300多座。墓地内的墓群比较多，大致有8个墓群，各墓群大小悬殊，大的墓群清理出100多座墓，最小的墓群只清理出几座墓。大的墓群中，墓坑的排列有序。墓地内的墓坑方向和死者的头向不一，墓坑方向以向西为主，其次向西南，少数向西北。葬式有一次葬和二次葬，以一次葬为主，多单人葬，亦有不少的合葬墓，合葬方式有一次葬的合葬、一次葬与二次葬的合葬和二次葬的合葬三种。合葬人数少者二人，最多的有六人，以二人的合葬较多，还有三人、四人和五人的合葬。有同

性合葬，亦有异性合葬，还有成年人与小孩的合葬。以仰身直
肢葬为主，亦有一些屈肢葬和俯身葬，屈肢葬有侧身屈肢，亦
有仰身屈肢。

　　贾湖墓地的墓葬多数都有随葬品，少数无随葬品，后者约
有 80 座左右。随葬的器物有石器、陶器、骨牙器之类的生产
工具和生活用具，以骨牙器为主，石器和陶器较少。随葬的工
具中有农业工具，亦有手工业和渔猎工具，以手工业工具和渔
猎工具为主，多见石锛、石凿和骨镞、鱼镖等工具。随葬石
铲、石镰、石磨盘、石磨棒很少见。随葬的陶器则以壶、罐、
钵为主，鼎少见，数量也不多，一般只有一两件陶器，多者有
三四件。有的墓只随葬陶器，有的只随葬石器和骨牙器而无陶
器，少数墓随葬有陶器、石器和骨牙器。随葬器物的数量，少
者 1 件，一般的 5~6 件或 10 余件，最多的 60 多件，但属合
葬墓。随葬器物多者，一般以骨器居多，有不少墓还随葬有龟
甲和獐牙，龟甲内都装有小石子。有的墓还随葬有猪下颌骨，
亦有用鹿下颌骨随葬的。随葬器物的放置，一般亦是陶壶放在
死者的头部，其他器物则放置在死者身旁两侧或脚端。

　　贾湖类型的石器，以磨制和琢磨兼制石器为主，亦有不少
打制石器。打制石器有细石片，亦有石核和较大型的石片。磨
制石器有斧、铲、镰、刀、锛、凿和纺轮等。琢制石器有磨
盘、磨棒等。石斧的形制亦有大小，圆顶平刃或弧刃，长条
形。石铲有长条型孤刃，亦有舌形铲，未见有肩石铲。石镰的
形制与裴李岗类型的石镰基本相同，但有的刃部无锯齿。石刀
均为长条形，有的两则带有缺口。石磨盘亦与裴李岗类型的鞋
底形磨盘相同，但前端较宽，磨盘足有的呈方形，则与裴李岗
类型有别。

贾湖类型的陶器亦以红陶为主，有少量的灰陶和黑陶，陶色并不纯正。有不少夹炭和夹骨屑的陶质。胎质亦比较疏松，火候不高。器物种类有鼎、釜、甑、罐、壶、钵、碗、盆等，还有一些杯、器盖。各类器物亦有不同的形式，有的形式多样，比较复杂。鼎有罐形深腹鼎和浅腹盆形鼎，釜为折腹釜，底有三足，或可称折腹釜形鼎。甑为罐形。罐的形制多样，有侈口深腹罐、角把罐、折沿或卷沿罐、直口深腹微鼓篦纹罐、敛口筒状双耳罐、大口鼓腹双耳罐、高领罐等。壶的形制亦多样，有小口短颈双耳壶、大口长颈或短颈双耳壶、长颈小口或大口折肩壶、短颈折肩壶、扁腹壶等。钵的形式亦不少，有浅腹直口圜底钵、侈口深腹平底钵、敛口浅腹或深腹平底钵、直口浅腹圜底钵和三足钵等几种形式。纹饰亦比较复杂，以绳纹为主，次为篦纹，主要是直线篦纹，之字形折线篦纹不见，还有席纹、网纹、戳刺纹、刻划纹、花边纹、附加堆纹、乳丁纹等。

骨器有骨镞、鱼镖、骨矛、骨凿、骨锥、骨匕、骨耜、骨杯、骨针、骨刀、骨板、骨料、钩形器、骨饰和骨笛等，牙器有牙削和牙刀。这些骨牙器制作精细，其中镞、镖都有不同的形式。

贾湖类型文化与裴李岗类型文化差异比较大。贾湖类型遗址的面积大，内涵丰富，在建筑遗迹、墓葬的葬式以及出土的遗物特征等方面与裴李岗类型都有明显的区别，但亦有一些共性。

在建筑遗址方面，最突出的是贾湖类型的房基出现了套间房，而且有不少房基的面积大，在 20 平方米以上，亦有个别地面建筑的房基，有的房基内有土台子，这是裴李岗类型建筑遗迹所未见的。共性是都有半地穴式房基，面积小，房基内的柱洞都未垫有柱石，而且都有斜坡式或台阶式门道。

贾湖墓葬的葬式葬俗与裴李岗类型墓的葬式葬俗的区别，最突出的是有不少的二次葬和较多的合葬墓，尤其是合葬墓中有一次葬与二次葬的合葬，合葬人数亦较多，并有异性成年人的合葬。其次是随葬品以骨器为主，石器和陶器较少，并且是以手工业和渔猎工具为主，器物组合亦没有明显的规律，尤其是随葬的石器中不见斧、铲、镰，并且还有随葬龟甲与獐牙的习俗，这些葬俗都是裴李岗类型墓所不见的。但也有某些葬式葬俗与裴李岗类型墓葬相同或相似，如有的墓用石镰和石磨盘随葬，随葬的陶器亦以壶为主，并且基本上亦是放在死者的头部。但每墓随葬的陶壶少的只有 2 件，而且一次葬的死者亦主要是单人葬。

贾湖类型出土的遗物与裴李岗类型的差别是骨器种类和数量多。石器中有较多的打制石器。磨制石器则有较多的锛、凿之类手工业工具，石镰和石磨盘、石磨棒之类的农业工具较少见，而且有较多的石刀。陶器则有较多的灰陶和黑陶，而且还有相当数量的夹炭和夹骨屑陶。器形中出现釜、甑，而且有比较多的盆。各类器物的形式亦有变化，流行角把罐、双耳罐、折肩壶、扁腹壶、方口盆等。纹饰则以绳纹为主，篦纹为次，而且还有裴李岗类型中不见的纹饰如花边纹等。

但是，从石器和陶器的特征来看，贾湖类型与裴李岗类型亦有许多共性。石器均有镰、磨盘和磨棒。陶器都以红陶为主，器形上亦有与裴李岗类型相似的罐形鼎、盆形鼎、侈口深腹罐、大口深腹微鼓小平底罐、角把罐、小口双耳壶、长颈折口壶、大口双耳壶、假圈足壶、三足钵、敛口曲腹钵等，纹饰上亦有篦纹。

贾湖类型文化与裴李岗类型文化的差异，有发展水平不同和文化年代不同的差异。发展水平的不同主要表现在贾湖遗址的面积大，文化内涵丰富。年代不同的差异，主要表现在裴李岗类型文化中常见的和出土数量较多的器物在贾湖类型中已少见，如石镰、石磨盘和侈口深腹罐、小口圆腹或椭圆形腹短颈双耳壶、三足钵等在贾湖类型中已少见。而在裴李岗类型晚期出现的盆形鼎、角把罐、双耳罐、长颈折肩壶、大口双耳壶、扁腹壶、敛口曲腹钵等，则在贾湖类型中出土较多。纹饰上裴李岗类型晚期出现的绳纹，在贾湖类型则成为主要纹饰。裴李岗类型的主要纹饰如篦纹，在贾湖类型则成为次要纹饰。这种此消彼长的差异，就有发展年代不同的差异。至于地方性差异，最主要的是贾湖类型墓的随葬品中有大量的骨牙器随葬，尤其是有骨笛、獐牙、龟甲随葬，很明显地表现出其地方特色。其次是陶器有夹炭和夹骨屑陶，方口盆亦具有地方特色。

贾湖遗址的裴李岗文化面貌与裴李岗类型有较大区别，其地方特色明显，因此，把贾湖遗址作为代表另立一种类型，称贾湖类型，是合适的。

3. 花窝类型

花窝类型文化以淇县花窝遗址的遗存为代表，包括辉县孟庄和濮阳戚城遗址的遗存。这一类型文化遗址都只做过试掘，获得的文化遗存并不丰富，但其文化面貌特征与裴李岗类型和贾湖类型都有区别。

根据淇县花窝遗址的调查试掘资料，该遗址的面积约 1.9 万平方米。试掘中只发现灰坑，未发现建筑遗迹和墓葬，出土的遗物有石器、陶器和骨器，还有一些动物遗骨。

灰坑有圆形和不规则形两种，小而浅，坑内堆积内含的文化遗物少。

出土的石器有打制石器和磨制、琢制石器。打制石器很少，有一些细石片和砍砸器。磨制石器有斧、铲、凿，多加工精细，通体磨光，也有的加工粗糙，仅磨刃部，器身留有岩皮和打制的疤痕。琢制石器有石磨棒。

陶器有泥质红陶和夹砂红褐陶，未见灰陶。器类有罐、盂、小口双耳壶、圜底钵、三足钵等。火候低，胎质疏松。多素面，少数有纹饰。素面陶有的经过磨光。纹饰有篦纹（主要是折线篦纹）、压印纹、划纹、锥刺纹等，比较简单。

花窝遗址出土的石器和陶器，有的与磁山文化相似，有的则与裴李岗文化相似。石斧的形制有的瘦长，与磁山的石斧相似，有的短厚，则与裴李岗文化的石斧相似。石铲为双弧刃，亦与裴李岗的石铲相同。陶器中的盂，器形与磁山的盂相似。三足钵为敞口圜底，圆锥形足。小口壶为短颈，弯月形双耳，圆腹圜底，器形与裴李岗的同类器相近，与磁山的同类器区别较大。罐的形制为侈沿深腹，与裴李岗的侈沿深腹罐相似，惟器表均饰有纹饰，则有所不同[12]。

根据石器和陶器特征，花窝遗址的文化遗存既带有磁山文化特征，亦有裴李岗文化特征，还有某些自身的特点。其中以裴李岗文化的特征较浓，如陶器均为红陶，火候不高，质松软，制作粗糙，胎壁厚薄不均，有较多的器物形制接近于裴李岗文化的同类器等，因此可以把它归入裴李岗文化范畴。它所具有的磁山文化特征，主要是有较多的打制石器，有的磨制石器加工亦比较粗糙，石斧的形制有的接近于磁山文化的同类器，陶器中有盂，而盂是磁山文化最具特色的器物。其地方特色主要表现在夹砂罐都饰有纹饰，而裴李岗文化中的典型器有的在该遗址中则未见。根据这些情况，虽然花窝遗址只经过试掘，发现的文化遗存并不丰富，但文化面貌具有裴李岗文化和磁山文化特征，亦有某些地方特点，因此有一定的代表性，似亦可以作为一种文化类型，与裴李岗类型和贾湖类型相区别。

辉县孟庄遗址只经过试掘，其内涵包括裴李岗文化、仰韶文化和龙山文化。在裴李岗文化层中发现一些灰坑，形状有圆形、椭圆形和不规则形三种。出土的遗物有一些陶器和骨器。

陶器以泥质和夹砂红陶为主，亦有少量的泥质黑陶。泥质陶质较硬，夹砂陶较松脆。器表多素面，少数有纹饰，以篦点纹为主，其中有折线"之"字形纹和"△"形纹，亦有乳丁纹和划纹。器类有罐、壶、钵、碗，其中罐的形制有大口沿外侈腹微鼓小平底罐和直口双耳罐两种形式，前者大，后者小。壶亦有长颈折肩壶和大口双耳壶两式，以前者较多。钵均为浅腹直口圜底三足，出土不少。碗少见[13]。

根据孟庄出土的陶器特征，无论陶质、陶色和器形纹饰等，都与裴李岗文化相似，应属裴李岗文化系统。但从长颈折肩双耳壶、大口双耳壶、双耳罐和鼓腹罐看来，其年代较晚，与裴李岗类型的同类器有别。据发掘者的分析，孟庄的裴李岗文化遗存与磁山文化有一些共同的因素，亦受磁山文化的影响。据此我们把它归入花窝类型，但两者亦有差异，这种差异，可能与其年代比花窝遗址晚有关。

濮阳戚城遗址的发掘资料尚未发表。据透露，它内含的文化遗存中，磁山文化因素更重一些[14]，因此可以归入花窝类型。

4. 其他遗址的文化面貌特征

在目前所发现的裴李岗文化中，除上述三种类型外，还有一些遗址的文化面貌特征与这三种类型都有差别。因此，有的遗址也有人认为可以作为一种类型的代表，其中巩义瓦窑嘴的裴李岗文化遗存，就有人提出可作为一种类型。而在豫西渑池班村和豫西南的方城大张庄发现的裴李岗文化遗存亦与其他遗址的文化面貌有较大差异。

巩义市瓦窑嘴遗址的裴李岗文化，有人认为它与其他遗址的裴李岗文化遗存有较大差异。突出的是泥质黑陶占相当大的比例，约占 15%，其中有部分陶器火候高，陶质硬，陶胎薄，器形规整。这类黑陶中具有代表性和典型性的器物有平沿圈足碗、薄胎小平底碗、小平底钵、喇叭口杯和深腹圈底豆等。这部分泥质黑陶器构成了瓦窑嘴文化遗存的一个显著特点。其次是泥质红陶的陶色多为内壁漆黑，而外壁则口部呈黑色，腹、底部呈红色，这亦有其特点。在器形器类方面，它有圈足盆形甑、施红色陶衣的直口圈底钵、薄胎深腹圈足钵、卷沿平底盆、饰放射状竖划纹圈足碗以及深腹圈底豆等，都为其他裴李岗文化遗存中少见或不见。而这类遗存又比较集中地分布在洛水支流坞罗河与湟水流域。瓦窑嘴的裴李岗文化遗存有其自身的一些特点，而且有一定的分布范围，因此有人提出把这类遗存作为裴李岗文化的一个新类型，称"瓦窑嘴类型"[15]。

巩义瓦窑嘴的裴李岗文化遗存中有较多的黑陶，而且火候高，胎质硬而且薄，这确实具有特点。在其他裴李岗文化遗址虽然亦有黑陶发现，但都很少，而且质量都不高，所以薄胎黑陶在瓦窑嘴遗址中占有一定的分量，无疑是具有不同于其他遗址的裴李岗文化作风，由此显示出瓦窑嘴的遗存与其他遗址的裴李岗文化遗存有明显的差别。但是，这种差异，主要应是文化上的发展演变而出现的差异，如黑陶的质量高，当是制陶技术水平提高的表现，这或许说明，瓦窑嘴的居民在裴李岗文化时期的烧陶技术比其他遗址的居民先进。但是，瓦窑嘴的裴李岗文化遗存，总的来说地方性的特点并不突出，因此我们仍把它归入裴李岗类型，大致属裴李岗类型的晚期遗存。

近年在渑池班村遗址亦发现有裴李岗文化遗存。该遗址的面积有 1 万多平方米，经发掘，发现房基数座、灰坑数十个。出土的遗物有石器和陶器。房基形状近圆形、椭圆形，亦有圆角方形，均为半地穴式建筑。面积不大，一般在 10 平方米以下，大的超过 10 平方米。房基周围有柱洞，一侧有斜坡式门道。

石器中有一些打制石器，还有少量磨制石器，主要为石斧，其他器物少见。陶器均为红陶，有泥质陶和夹砂陶。器形有角把罐、钵形釜、三足钵、小口双耳壶等。纹饰有绳纹和纽索状附加堆纹。其器形中小口双耳壶的形制与裴李岗的一致。扁锥足三足钵及附加堆纹盆则与贾湖的同类器相同，而角把罐的把呈兽角形，则与其他遗址的器形有所不同。钵形釜为班村遗址所仅见。因此班村的裴李岗文化有其自身的一些特点[16]。

班村遗址的裴李岗文化在豫西地区是否有代表性，是值得注意的。在豫西地区已有裴李岗文化遗址的发现，但都未经过正式发掘，因此这一地区的裴李岗文化是否会有新的类型，尚待新的发掘资料进行研究。

方城大张庄遗址的面积约 3 万平方米。经试掘，发现灰坑和石器、陶器。

石器有打制的细石片和磨制的石斧、石铲、石镰、石锛和石磨棒，其中石镰的刃部亦加工有三角形锯齿。

陶器以棕红陶和泥质红陶为主，亦有少量泥质黑陶和灰陶，火候低，质量较差，制作粗糙。器形有圆锥足鼎、深腹罐、双耳壶、平底碗、钵、折沿盆、盘、杯等。多素面，有的器物口沿下有乳突[17]。

大张庄遗存的文化面貌有裴李岗文化的某些特征，如石器中有锯齿镰和磨棒，陶器的质量差，火候低，而且有双耳圆腹壶、深腹罐等，但裴李岗文化特征没有其他遗址浓厚。鼎、盆、碗、钵的形制则与淅川下王岗仰韶一期文化的同类器接近。总的说来，该遗址的文化面貌特征，既与裴李岗文化和下王岗类型仰韶文化有所不同，亦有某些共性，具有裴李岗文化与下王岗类型仰韶文化过渡的特点，因此把它作为早于仰韶文化的遗存，归之于裴李岗文化范畴，实际上与其他地区发现的裴李岗文化差别较大。至于这类文化遗存是否可以代表裴李岗文化的又一种地方类型，亦有待于根据新的发掘资料进行研究。

注　释

[1] 开封地区文物管理委员会《河南开封地区新石器时代遗址调查简报》，《考古》1979年第3期。

[2] 廖永民等《河南巩县水地河新石器遗址调查》，《考古》1990年第11期。

[3] 中国社会科学院考古研究所河南一队《1979年裴李岗遗址发掘报告》，《考古学报》1984年第1期。

[4] 河南省博物馆等《河南密县莪沟北岗新石器时代遗址发掘报告》，《河南文博通讯》1979年第3期。

[5] 河南省文物研究所《长葛石固遗址发掘报告》，《华夏考古》1987年第1期。

[6] 中国社会科学院考古研究所河南一队《河南郏县水泉裴李岗文化遗址》，《考古学报》1995年第1期。

［7］中国社会科学院考古研究所河南一队《河南汝州中山寨遗址》,《考古学报》
1991 年第 1 期。

［8］河南省文物考古研究所《舞阳贾湖》（上卷）, 科学出版社 1999 年版。

［9］赵世纲《关于裴李岗文化的几个问题》,《史前研究》1985 年第 2 期。

［10］郑乃武《略谈裴李岗文化的类型及与仰韶文化的关系》,《中国考古学研究
（一）》, 文物出版社 1986 年版。

［11］河南省文物研究所《河南舞阳贾湖新石器时代遗址第二至六次发掘简报》,
《文物》1989 年第 1 期。

［12］安阳地区文管会等《河南淇县花窝遗址试掘》,《考古》1981 年第 3 期。

［13］河南省文物考古研究所《河南辉县孟庄遗址的裴李岗文化遗存》,《华夏考
古》1999 年第 1 期。

［14］同［8］, 第 529 页。

［15］廖永民等《瓦窑嘴裴李岗文化遗存试析》,《中原文物》1997 年第 1 期。

［16］同［8］, 第 528 页。

［17］南阳地区文物队等《河南方城县大张庄新石器时代遗址》,《考古》1983 年
第 5 期。

四

裴李岗文化墓葬

裴李岗文化的墓葬发现不少，已清理的墓葬大约有750多座。这些墓葬有一定的葬式葬俗，其年代有早有晚，有的遗址发现的墓葬已进行了分期。这是迄今为止，在我国新石器时代考古中发现的一批年代最早、数量最多而且葬式葬俗鲜明的墓葬，对研究新石器时代丧葬意识、丧葬制度的发展演变以及氏族社会早期的社会状况，都是很有价值的重要资料。

（一）裴李岗文化墓葬的葬式葬俗

裴李岗文化的墓葬，主要发现于新郑裴李岗和沙窝李、密县莪沟、长葛石固、郏县水泉、舞阳贾湖等遗址。此外，在汝州中山寨亦发现有4座墓。

这批墓葬有其显著的特点。对死者的埋葬，基本上都有公共墓地，墓地内有墓群之分。墓地有大有小，大的墓地，清理的墓葬有几百座，小的只有几十座，一般的有一百多座。各墓地的墓坑方向以及死者的头向，有的基本相同，有的则有别。各墓地内埋葬的死者，多数是一次葬，一般为单人葬，只有个别合葬墓，合葬人数为二人。个别墓地以单人一次葬为主，亦有一些二次葬和合葬墓，合葬的方式有一次葬的合葬、一次葬与二次葬的合葬和二次葬的合葬三种，合葬人数少者二人，多者六人。

各墓地清理的墓葬，有的有随葬品，有的没有。有的墓地有随葬品的墓占多数，有的墓地则无随葬品的占多数。在各墓地已清理的墓葬中，随葬品无论种类和数量都有一定的差别。有的墓只随葬石器之类的生产工具，有的则只随葬陶器，有的则随葬有石器、陶器之类的生产工具和生活用具，少数墓有绿松石之类装饰品，随葬骨器者少见。个别墓地清理的墓葬，有随葬品的墓除随葬石器或陶器，或石器和陶器兼有外，还有较多的骨器，甚至以随葬骨器、牙器为主，有的还随葬有龟甲。随葬品的数量亦有明显的差别，多数墓地少者 1 件，一般的 3～4 件，有的 10 余件，最多的达 20 余件。个别墓地随葬品最多者达几十件，但主要是骨、牙器，石器和陶器都少。

凡随葬有石器和陶器之类生产工具和生活用具的墓，多数墓地都有基本相同的组合。其组合有四种：一是只随葬石斧、石铲或石镰之类的工具；二是只随葬陶器之类的生活用具；三是以石斧、石铲或石镰及陶器为组合；四是以石磨盘、石磨棒和陶器为组合。以石磨盘、石磨棒为组合的墓，一般随葬陶器都比较多，其中随葬品最多的墓，几乎都是以石磨盘、石磨棒和陶器为组合。在个别墓地中，这种组合则不明显。裴李岗文化各墓地清理的墓葬中，随葬陶器最常见的器物是小口双耳壶，且几乎每墓只有一件，其他器物则有两件以上，很有特色。随葬石磨盘、石磨棒配套的现象，在其他新石器文化的墓葬比较罕见，是裴李岗文化墓葬最具特色的葬俗。

随葬品的放置，在有的墓地中亦有一定的规律。随葬的石器一般都放置在死者身旁两侧，其中石磨盘有的平放，盘面向上或向下，有的侧立放。陶器中小口双耳壶一般都放在死者头部两侧或头顶，其他器物则放在死者身旁两侧或脚端。

随葬陶器少者基本上都是单件放置，多者则分组，一般是罐为一组，平放，钵、碗分若干组，都是口朝下底朝上的扣合放置。

在各墓地葬式葬俗中，差别较大的是舞阳贾湖墓地和中山寨发现的几座墓，其他墓地则相当接近。现将各墓地的葬式葬俗分别作一简介。

1. 新郑裴李岗墓地的葬式葬俗

新郑裴李岗墓地地势较高，与居住址之间有一定距离。该墓地经过三次发掘，共清理 114 座墓[1]。墓地内的墓葬很明显地分有墓群，东部有两个墓群，西部一个墓群（图二二）。东部的两个墓群中，居东的较小，居西的较大。各墓群的中心区墓葬分布较密，边缘区亦有零散墓分布。

这批墓的墓坑都不大，均是方形竖穴土坑墓，一般长 2 米左右，宽 1 米左右，深不足 1 米，有个别墓稍大。在 114 座墓中，有一座二人合葬墓，其余都是单人葬，均为一次葬。墓坑方向和死者头向一致，均为南北向，死者头南脚北。人骨多已腐。有的保存有牙齿，少数墓的人骨保存较好，均为仰身直肢。墓地内埋葬的死者，保存较好的人骨主要是成年人，亦有个别儿童。

这批墓绝大多数都有随葬品，只有几座墓无随葬品。随葬的器物主要是石器和陶器之类的劳动工具和生活用具，有少数墓还有绿松石装饰品，骨器几乎不见。随葬的石器主要有石斧、石铲、石镰、石磨盘和石磨棒之类的农业工具，手工业工具及渔猎工具几乎不见。随葬的陶器有鼎、罐、壶、钵、碗等，其中最常见的器物是小口双耳壶、三足钵和侈口深腹罐，鼎、碗较少见。

随葬器物的组合有四种：一是只随葬石斧、石铲、石镰之类的劳动工具，或一种，或两种器物；二是只随葬陶器之类的生活用具，常见的是小口双耳壶、三足钵、深腹罐；三是以石斧、石铲或石镰之类工具与陶器为组合；四是以石磨盘、石磨棒之类工具与陶器为组合。

随葬品的数量不等，少者1件，或石器，或陶器，一般的为3～4件，或只有陶器，或包括石器和陶器。有两座墓的随葬品最多，其中M15（图二三）的随葬器物共24件，包括石磨盘、石磨棒各1件，其余均为陶器，有壶、罐、碗、钵等，其中小口双耳壶1件、深腹罐2件、碗1件，其余均为三足钵或圜底钵。M21随葬器物共19件，其中石磨盘、石磨棒各1件，其余均为陶器，包括小口双耳壶1件、鼎1件、罐2件、三足钵13件。

随葬器物的放置有一定规律。陶器中的小口双耳壶一般都放在死者头部两侧或头顶端，其他器物则放在死者身旁两侧或脚端。随葬陶器数量少者，一般是单件放置，多者则分组，如M15随葬的陶器分5组，每组为罐2件，三足钵分4组，每组3～5件，口朝下底朝上扣合堆放。M27随葬的陶器亦分5组，每组为深腹罐2件。三足钵等亦分4组，每组亦3～5件不等，也是口朝下底朝上扣合堆放。石器一般放在死者身旁两侧，其中磨盘平放或横立放，磨棒放在磨盘面上或一侧。

在裴李岗墓地1979年的发掘中，发现一座合葬墓，有两具人骨，据鉴定是成年人与小孩的合葬。各有随葬品，其中成年人的身旁随葬有陶器包括钵、碗、壶、罐和石磨盘、石磨棒等共11件，小孩的身旁则随葬有石斧、石铲和石镰各1件。这是裴李岗墓地发现的惟一的合葬墓，而在小孩身旁随葬有一

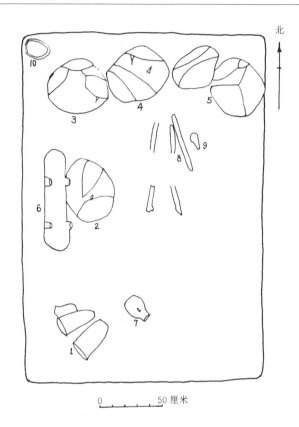

北

0　　　　　50厘米

图二三　裴李岗墓地 M15 平面图

1. 夹砂陶罐　2~5. 三足器　6. 石磨盘　7. 陶壶　8. 石磨棒　9. 石块　10.
夹砂陶鼎

套农业劳动工具，包括耕作工具和收割工具，则比较特殊。

2. 新郑沙窝李墓地的葬式葬俗

新郑沙窝李墓地共清理墓葬 32 座，这是迄今为止在裴李岗文化墓地中发现墓葬最少的一处墓地。主要分布在遗址的中西部，亦有墓群之分。

这些墓为长方形竖穴土坑墓。墓坑一般长 2.4 米，宽 0.8 米，深 0.45 米左右，个别墓长 2.75 米，宽 1.64 米。方向为南北向，死者头向南。

墓内全部都有随葬品，但有个别墓只有细石器。器物组合与裴李岗墓地相同，但有较多的墓只随葬石器，主要是农业工具，其中有斧、铲、镰三种工具的墓多一些，有的还随葬磨石之类的手工业工具。单纯随葬陶器的墓较少，仅见 2 座，每座墓只有 1 件陶器。用斧、铲、镰之类工具与陶器为组合的墓和以石磨盘、石磨棒及陶器为组合的墓，数量亦较多。

随葬器物的数量亦是少者 1 件，一般为 3~4 件。其中随葬石磨盘和石磨棒的墓，随葬的陶器亦较多，如 M3 随葬石磨盘、石磨棒各 1 件，陶器则有双耳壶、深腹罐各 1 件，圜底钵 2 件，三足钵 3 件。有个别墓随葬的石器较多，陶器则少，如 M19 随葬的石器就有铲 6 件、凿 5 件、斧 4 件，还有磨石、石料、石片、石锤和细石器，陶器只有小口双耳壶 1 件，总数共 24 件。此墓随葬石器种类和数量之多，为裴李岗文化墓葬所仅见。

据统计，在沙窝李清理的 32 座墓中，共出土 133 件器物，其中石器有 83 件，占器物总数 62%，陶器只有 50 件，占器物总数的 38%，石器明显多于陶器[2]。其中随葬有细石器、石料和磨石、石凿之类手工业工具的现象，则为裴李岗墓地所未见。

3. 密县莪沟墓地的葬式葬俗

莪沟墓地共清理墓葬 68 座，分两个墓群，分布于遗址的西部和西北部。西部的墓葬比较集中，在 T18 附近的 50 万平方米范围内，清理发现墓葬 17 座，墓的排列有序，墓坑方向则不一，有西南向，亦有东北向，以西南向较多，而裴李岗墓地的墓坑方向则是一致的。

墓坑长约 1.48～2.82 米，宽 0.5～1.32 米，深 0.16～0.8 米。有 67 座单人葬，1 座双人合葬。人骨保存好的均为仰身直肢。

墓内大多有随葬品，其中有 60 座有随葬品，8 座一无所有。随葬器物包括石器、陶器之类的劳动生产工具和日常生活用具，未见骨器和绿松石饰。石器主要是斧、铲、镰、磨盘、磨棒之类农业工具，个别墓有砺石。陶器有罐、壶、钵、碗、勺几种，以钵、壶最多见，碗、勺少见，未见鼎。数量少者 1 件，一般为 2～8 件，最多的有 14 件。

器物组合与裴李岗和沙窝李墓地基本相同，惟没有单纯随葬石器的墓。单纯随葬陶器的墓有 23 座，以石斧、铲、镰和陶器为组合的墓有 28 座，以石磨盘、磨棒和陶器为组合的墓有 9 座。随葬石磨盘、石磨棒的墓，随葬的器物亦较多，如M34 是一座形制较大的单人墓，随葬器物 14 件，除石磨盘、磨棒各 1 件外，余均为陶器，包括壶 1 件、罐 2 件、勺 1 件，余均为三足钵。M61 则是 2 人的合葬墓，随葬器物只有 14 件，除石磨盘、磨棒各 1 件外，其余均为陶器。

器物的放置方式与裴李岗墓地大体相同，亦有一定的差别。相同的是石器均放在死者的身旁两侧，随葬的陶器中，小口双耳壶 1 件放在死者头部，随葬陶器多者亦是分组堆放，其中钵亦是口朝下扣合叠放。不同的是有些墓的随葬品放在壁龛内，有 8 座墓挖有壁龛放置随葬品，这比较特殊[3]。

4. 长葛石固墓地的葬式葬俗

石固墓地共清理墓葬 69 座，分布于遗址的 A、B 两区，说明它亦有两个墓群。墓坑一般长 1.7～1.9 米，有的长 2 米以上，宽一般在 1 米以下，个别宽 1 米，深一般在 1 米上下，多数在 1 米以下。方向不一，有东西向，亦有南北向，均为单人葬。人骨多数保存较好，葬式有仰身直肢、仰身屈肢、侧身屈肢和俯身直肢等多种。亦有一些墓有壁龛。

多数墓有随葬品，少数无随葬品。早期墓几乎都有随葬品，晚期墓则有一半墓无随葬品，如第 4 期的墓共清理 30 座，有 15 座无随葬品。随葬的器物有石器、陶器、骨器，以石器、陶器为主，骨器较少。随葬的石器有斧、铲、磨盘、磨棒、凿、砺石之类的农业和手工业工具，以农业工具为主，但不见石镰，有的墓随葬细石器。随葬的陶器则有壶、罐、钵、碗、豆等，以壶最多见。随葬器物数量不等，少者 1 件，一般为 2～3 件，最多的 10 件，包括石器、陶器、骨器、蚌器。

器物组合亦有四种：一是只有石器，或石斧，或石铲；二是只有陶器，常见的以壶最多，亦一些只有三足钵；三是有石斧、石铲和陶器，有的还有石凿和砺石；四是有石磨盘、磨棒和陶器。此外，还有一些墓只有骨器，或骨镞，或骨锥[4]。

石固墓地的葬式葬俗与裴李岗、沙窝李和莪沟墓的葬式葬俗相似，但亦有一些不同。主要是墓坑方向不一。死者的葬式有较多的屈肢葬，并出现俯身葬。随葬器物较少，多数墓只随葬 1 件，尤其是随葬的陶器最多亦只有 4 件，而且是一种器物只 1 件，少见一种器物有 2 件以上者。在器物组合上，以石磨盘、石磨棒和陶器为组合的墓亦少见，而且随葬的陶器亦少。这一组合的墓只有 M39、M14 和 M86 三座，其中 M39 属早期，随葬器物有石磨盘、石磨棒各 1 件，陶器有罐 1 件和三足钵 2 件，M14 墓为晚期墓，随葬磨盘 1 件，陶器有壶、罐、碗各 1 件，M86 也是晚期墓，随葬磨盘、磨棒各 1 件，陶器只有小口双耳壶 1 件。

5.郏县水泉墓地的葬式葬俗

水泉墓地清理的墓葬有 120 座[5]，它与居住区亦有一定距离。墓葬分布于遗址的东、西两区，可以说亦是分两个墓群，其中东区清理墓 110 座，西区清理 10 座。东区的墓排列有序，分 18 排，每排墓最多的 10 座，少的 3 座，有的墓与墓之间有一定的距离，被认为是有意按一定次序留出的空间。墓坑方向亦不一，多为东南向，少数南北向，死者头朝西，或朝南。少数人骨保存较好，葬式均为仰身直肢。有 117 座单人葬，合葬墓 3 座，均为两人合葬。墓坑一般长 2 米上下，宽 1 米左右。

墓内一般都有随葬品，只有少数无随葬品。随葬的器物包括石器、陶器和骨器之类的工具和生活用具，个别墓亦有装饰品，骨器少见。石器中有斧、铲、镰、磨盘、磨棒和锛、凿、杵、石球之类的农业、手工业和狩猎工具，以农业工具为主。陶器则有罐、壶、钵、碗、鼎、勺，以小口双耳壶最常见，次为罐和钵、碗、勺，鼎较少见。骨器则有针、锥、镞，镞较少。数量少者 1 件，最多的有 31 件，一般的三四件或六七件。

随葬器物最多的是 M29。此墓的墓坑长 2.72 米，宽 1.5 米，深 0.5 米，形制较大，墓内随葬器物 31 件，其中陶器 24 件，包括平底钵和三足钵共 6 件，双耳壶 6 件，罐 7 件，器盖 2 件，圈足钵、三足壶、双耳罐各 1 件。石器 5 件，包括石球 2 件，斧、锛、铲各 1 件。死者是男性，仰身直肢。这是裴李岗文化墓随葬陶器最多的一座，亦是随葬小口双耳壶最多的一座。其年代属晚期墓。此墓随葬器物虽多，但其随葬的工具则是斧、铲、镑之类工具，与其他墓地有别。

器物组合亦有四种：一是只随葬石器之类工具，只有 4 座；二是只随葬陶器，共有 32 座墓；三是随葬石斧、铲、镰工具和陶器组合的墓有 41 座，四是随葬石磨盘、石磨棒为组合的墓 28 座，但有两座墓并有石斧、石铲，或斧、镑、铲共出。器物的放置方式与裴李岗墓地基本相同，如随葬陶器多，三足钵多口朝下扣合堆放。

水泉发现的三座合葬墓，埋葬方式有并排和上下叠葬两种。其中 M25 是两人并排的合葬，人骨保存不好，其中一人个体较大，无随葬品。M30 亦是两人并排的合葬，有一人随葬有绿松石坠 1 件。M31 则是两人上下叠葬，有随葬品 19 件，其中陶器 8 件、骨器 11 件。陶器有壶 2 件，余为罐、钵。

这三座合葬墓的合葬方式与常见的合葬墓有所不同。两人并排的合葬相隔有一定距离，并不是平直并排。上下相叠的合葬，在合葬墓中从未见过。因此，这些合葬墓似乎值得存疑。

6. 舞阳贾湖墓地的葬式葬俗

舞阳贾湖墓地共清理墓葬（图二四）349 座[6]。它分布于遗址的西部、中部和东部，亦有墓群之分。这批墓已作了分期。

遗址的西部是早期墓。有两个墓群，其中 A 群清理墓 26 座，B 群清理墓 16 座，两者相距约 5 米。

遗址中部和东部的墓葬，则包括有早期和晚期墓。有 6 个墓群：A 群清理墓 146 座，B 群清理墓 92 座，C 群清理墓 32 座，D 群清理墓 5 座，E 群清理墓 24 座，F 群清理 4 座。各墓群大小悬殊。此外还清理了一些零散墓。

早期和晚期的墓群中，数量较多的墓均成排分布，有一定

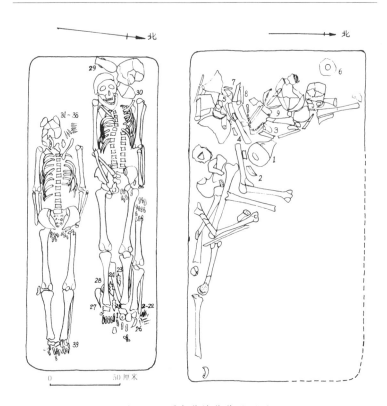

图二四　贾湖墓地墓葬平面图

左：M353平面图　1.陶纺轮　2～22、31～38.骨针　23、24.骨镞
　　　　　　　　25.骨镖　26、28.牙削　27.骨锥　29、30.陶壶
　　　　　　　　39.石坯料

右：M76平面图　1、5、6.陶壶　2.牙饰　3.石磨棒　4、7、8.骨板
　　　　　　　　9.骨料

的排列规律。在同层墓中，一般是在每排间隔1～3米。各墓
群间距不等。

　　这批墓的墓坑方向不一，有东西向，亦有南北向，还有东

北与西南向。死者头向以向西为主，次为向南，少数朝西北。墓坑有大有小，最大的长 2.8 米，宽 1.8 米，最小的长 1.74 米，宽 0.35 米，一般长 1 米上下，宽 0.5~1 米。有 7 座墓坑长 2.5 米以上。

葬式有一次葬和二次迁葬两种，以一次葬居多。无论是一次葬与二次葬，都有单人葬和合葬墓。一次葬的合葬墓很少，绝大多数是单人葬，二次葬中的合葬墓较多。合葬的方式有一次葬的合葬、一次葬与二次葬的合葬、二次葬的合葬三种。合葬人数少者 2 人，多者 6 人。据统计，在 349 座墓中，单人一次葬 236 座，单人二次葬 42 座，多人一次合葬 2 座，多人一次葬与二次迁葬合葬墓 31 座，二次迁葬合葬墓 13 座，迁出墓和不明葬式墓 25 座。此外还有 32 座瓮棺葬。

合葬墓的死者有性别和年龄的不同。有同性合葬，亦有异性合葬。有成年人与小孩的合葬，亦有中、老年人的合葬。在中、老年人的合葬墓中，还有年龄相当的异性合葬。

在一次葬的死者中，人骨保存较好的，葬式多为仰身直肢，亦有一些屈肢葬和俯身葬。在二次葬中，人骨多保存不好。

根据具体的墓例看来，在一次葬的合葬墓中，M353 合葬 3 人，人骨保存完好，均仰身直肢。据人骨鉴定，一为 50 岁以上的老年女性，一为成年男性，一为 10~12 岁的少年，这是一座不同年龄性别的合葬，或者说是男女异性与小孩的合葬，只是异性之间的年龄段有所不同。

在一次葬与二次葬的合葬墓中，有两人的合葬，也有三人以上的合葬。这类合葬墓，基本上都是一人为一次葬，其余均为二次葬。死者有不同的性别和年龄。

在两人的合葬墓中，有同性合葬，亦有异性合葬。如M35是一座同性合葬墓，均为男性，其中甲为一次葬，仰身直肢，年龄在 30～35 岁之间，乙为成年人，二次葬。M205亦为同性合葬墓，据人骨鉴定，两人均为壮年男性。M253 亦为两人的同性合葬墓，据人骨鉴定，均为成年男性，年龄在40～45 岁之间。M106 是一座两人的异性合葬墓，据人骨鉴定，男性是一次葬，年龄为 40～45 岁，女性为二次葬，年龄为 35～40 岁，两者的年龄段相当。M109 亦是一座两人的异性合葬，甲为老年男性，一次葬，乙为成年女性，两者的年龄段不同。在墓例中未列有两人的女性合葬，但墓表中见有这类合葬墓，如 M273 是一座两人的女性合葬墓，甲为 50～55 岁的女性，乙为成年女性。M336 和 M337 均为两个成年女性的合葬。

在三人以上的一次与二次合葬墓中，多数是异性合葬。如M363 合葬三人，据人骨鉴定，男性两人，年龄均为 55 岁以上的老年，其中一人是一次葬，女性一人，年龄为 45～50 岁的老年女性，男女两性的年龄段相同。M277 则是四人合葬，据人骨鉴定为三男一女，男性均为成年人，为二次葬，女性亦为成年人，为一次葬，仰身直肢。M325 亦是四人合葬，其中女性两人，有一人为一次葬，仰身直肢，另一人为二次葬，均为成年人，男性两人亦是成年人，均为二次葬。M352 亦是四人合葬，其中女性两人，男性一人，另一人为 9～11 岁的小孩，女性中有一人的年龄为 50 岁左右，一次葬，仰身直肢，男性一人 25～30 岁，二次葬，男性和小孩均为二次葬。M363是三人合葬，两男一女，男性为 55 岁以上的老年，其中一人为一次葬，仰身直肢，另一人为二次葬，女性为 45～50 岁的年龄，二次葬。M380 为三人的合葬，亦两男一女，均为成年人，男性中有一人为一次葬，其余均为二次葬。

上述合葬墓中，两人的合葬墓以同性合葬居多，三人以上的合葬墓中，有同性与小孩的合葬，亦有异性合葬，还有异性与小孩的合葬，以异性合葬居多。在异性合葬墓中，年龄段多数比较接近。这些合葬墓的资料，对研究当时的社会性质是很重要的。

贾湖墓葬的随葬品亦比较复杂。多数墓有随葬品，少数墓则没有，大致有 80 多座墓一无所有。随葬的器物包括石器、陶器、骨器、牙器、龟甲等，还有用鹿角、猪下颌骨、貉下颌骨随葬的现象，亦有一些绿松石饰，其中骨器和牙器是主要器物。随葬的石器有斧、铲、镰、磨盘、磨棒之类的农业工具，亦有锛、凿、砺石、石纺轮、石锤、石球等手工业工具和狩猎工具。其中农业工具以斧比较多见，铲、镰和磨盘、磨棒少见。手工业工具中以锛、凿比较多见。陶器则有壶、罐、钵、鼎、碗等，以壶最常见，其次为罐、钵、鼎，碗少见，数量一般只有 1 件，有的 2～3 件，最多的 4～5 件。骨器则有骨镖、骨针、骨环、骨锥、骨匕、骨镞、骨板和骨笛等，牙器则有削、刀。

随葬的器物有不同的组合。有的墓只有陶器，而无石器和骨牙器，有的墓则有陶器与少量的骨器或牙器，有的墓既有陶器，亦有不少的骨器和牙器。随葬陶器一件者，几乎都是壶，少数为鼎或钵或罐。有两件以上陶器者，其组合有鼎、罐、壶，壶、钵，鼎、壶，罐、壶，钵、壶或杯，钵、罐、碗等几种。石器的组合则有斧、铲，斧、锛、凿，磨盘、磨棒、砺石等组合，凡随葬一种石器者，常见的有斧，亦有铲或镰或磨盘等。

男女两性墓所随葬的劳动生产工具没有根本的区别。女性墓中有较多的墓随葬石磨盘，如 M3 是一位年龄较大的女性，随葬的石器只有残磨盘 1 件，M62 亦是一位中年女性，随葬的石器有磨盘和砺石。M45 则是一位中年女性，随葬的器物亦只有石磨盘 1 件。M405 则是一青年女性，随葬的器物有石磨盘和骨匕。但是，亦有个别女性墓随葬手工业工具，如 M55 是一成年女性，随葬的石器就包括斧、锛、凿之类的手工业工具。男性墓则比较普遍地随葬石斧、石铲之类农业生产工具，或锛、凿之类手工业工具，亦有个别墓随葬石磨盘或石磨棒，如 M117 是一成年男性，随葬的石器有铲和磨棒，M125 亦是一中年男性，随葬的石器则只有磨盘一种。

在随葬器物的数量上，女性墓普遍较少，只有个别墓多一些。如 M41 是一位 12~15 岁的女孩墓，随葬的器物只有陶壶 1 件，还有砺石、石斧、骨镖、骨针、骨环、牙削等 15 件，共 16 件，这是女性墓中随葬品最多的。但男性墓的随葬品普遍较多。如 M386 是一位 25 岁左右的男性，随葬的器物有陶壶 1 件，还有石斧、骨镞、骨镖、器柄、骨板、牙削和穿孔石饰等 16 件，共 17 件。M344 亦是一壮年男性，随葬器物有陶壶 1 件，还有骨器、牙器和龟甲等共 32 件。M282 则是一座男性合葬墓，合葬人数两人，随葬器物有陶器，包括壶、罐、鼎 3 件，还有石斧、凿、砺石和骨器、牙器、龟甲共 61 件，这是男性墓中随葬品最多的。

7. 汝州中山寨墓地的葬式葬俗

汝州中山寨遗址只清理出墓葬 4 座，估计应该有墓地。墓坑小而浅，墓坑方向和死者的头向各不相同，其中一墓头向

东，一墓头向东南，一墓头向西北，均仰身直肢，另一墓为小
孩墓，头向不明。

有 2 座墓有随葬品。一墓随葬陶器 4 件，其中钵 3 件，
均口朝下底朝上倒放，罐 1 件。另一墓随葬楔蚌 2 个、榧螺
10 个，其中有 6 个含在死者口内。小孩墓无随葬品[7]。从随
葬的陶器看来，与裴李岗墓地基本相同，尤其器物的放置方式
是一致的，但口含榧螺和墓的方向不一，则与裴李岗墓地的葬
俗有别，尤其是口含榧螺的葬俗比较特殊，在其他墓地均未
见。

8. 裴李岗文化墓葬葬式葬俗的共性与差异

从各墓地的葬式葬俗看来，不同墓地之间既有明显的共性
亦有差异。其中共性比较突出、差异较小的是新郑裴李岗和沙
窝李、密县莪沟、长葛石固、郏县水泉等墓地。差异性比较突
出、共性比较小的是舞阳贾湖墓地。

裴李岗、沙窝李、莪沟、石固、水泉墓地规模都不大，墓
群一般只有两三个，各墓地清理墓葬并不十分悬殊，少者几十
座，多者百余座。各墓地的墓坑方向和死者头向，或完全一
致，或多数一致、少数有别。死者的葬式基本上都是仰身直
肢，只有少数屈肢葬。全部是一次葬，或单人葬，或有个别合
葬墓，合葬人数只有两人。

同一墓地的墓葬，或都有随葬品，或大多数有随葬品，少
数无随葬品。随葬的器物均为石器和陶器之类的劳动工具和生
活用具，亦有个别墓有绿松石装饰品。或以石器、陶器为主，
亦有一些骨器，个别墓有绿松石饰。随葬的石器都是斧、铲、
镰、磨盘、磨棒之类的农业工具，有的墓地则出现凿之类的手
工业工具，但少见。陶器则有壶、罐、钵、鼎、碗、勺之类炊

具和饮食器皿，都以小口双耳壶、侈口深腹罐和三足钵最常见，其中小口双耳壶一般是一墓只有1件，随葬陶器中以钵的数量最多。每墓随葬的器物，少者1件，多者有10余件，最多的有20多件，一般的3～4件，或5～8件，均以陶器最多。器物组合亦基本相同，或只随葬石器之类工具，均为石斧、石铲或石镰；或只随葬陶器；或只随葬石器斧、铲、镰之类工具的一种或两种与陶器；或随葬石磨盘、磨棒配套和陶器为组合。随葬陶器最多的墓，都是最后一个组合的墓。

随葬器物的放置方式，共性最突出的是陶壶均放在死者的头部两侧。随葬陶器多者都是分组堆放，其中钵、碗都是口朝下底朝上扣合放。随葬器物少者，主要放置在死者身旁两侧。有的墓地的随葬品放在壁龛内，但这类墓并不多。

贾湖墓地的葬式葬俗与上述墓地的葬式葬俗有较大差别。主要是墓地的规模大，墓群多，墓坑方向和死者头向不一，而且有一次葬和二次葬之分，虽然亦以单人葬为主，但有不少合葬墓。合葬人数除两人外，还有三人、四人、五人或六人的。合葬的方式则有一次的合葬，同时还有一次葬与二次葬的合葬和二次葬的合葬。

贾湖发现的墓葬中，有较多的墓无随葬品，大约占20%以上。有随葬品的墓，随葬的器物虽然有石器和陶器之类的生产工具和生活用具，但主要是骨器。石器的种类虽然有斧、铲、镰、磨盘、磨棒之类的农业工具，但以斧最常见，铲、镰和磨盘、磨棒则少见，锛、凿之类手工业工具比较多见。随葬的陶器种类虽然有鼎、罐、壶、钵、碗、勺之类炊具和饮食器皿，但数量显著减少，多数是1件，少数有3～4件，最多的约5～6件，以小口双耳壶最常见，其次为罐，三足钵少见，勺更少见。随葬的骨器则种类和数量都多，种类包括渔猎、手工业工具和生活用具，数量上凡随葬器物多者，除1~2件陶器和石器外，基本上都是骨器和牙器。其中随葬骨笛、獐牙、龟甲的现象更为特殊，为裴李岗文化其他墓地的葬式葬俗中所未见。

随葬器物的组合和放置方式亦不像其他墓地那样有明显的规律。器物组合基本上有三种：一是只有陶器的组合；二是既有陶器，亦有石器的组合；三是既有陶器、石器，亦有骨、牙器的组合。亦有一些只随葬石磨盘的墓。这些组合与其他墓地随葬器物的组合并不相同。器物的放置方式，基本上都是放置在死者身旁两侧，不见成组的陶器和把钵、碗之类器物口朝下底朝上扣合放置的现象。

贾湖墓地的葬式葬俗虽然与裴李岗文化其他墓地的葬式葬俗有较大差异，但亦有某些共性。主要表现在随葬的器物中，农业工具亦有石镰和石磨盘、石磨棒，其中用石磨盘和石磨棒作随葬品是裴李岗文化墓随葬的劳动工具中最具有特色的。在随葬的陶器中，亦以小口双耳壶为主，同时还有三足钵和勺，这亦是裴李岗文化墓中随葬陶器的共性。

（二）裴李岗文化墓葬的分期

裴李岗文化墓葬，年代有早有晚，各个墓地发现的墓葬，毫无疑问都有不同年代的遗存，因此对这批墓葬进行分期，是对裴李岗文化墓地研究的重要课题。

在各个墓地发现的墓葬中，有的未作分期，有的则作了分期。已作过分期的墓地有裴李岗、石固、水泉和贾湖墓地，其中水泉墓地发现的墓葬虽未作分期，但该遗址发现的文化遗存已进行了分期，所发现的120座墓，在该遗址的文化分期中归属于其第二期文化。未进行分期的则有新郑沙窝李和密县莪沟墓地。

在裴李岗墓地1977年和1978年清理的32座墓都未进行分期。当时的发掘只是试掘和初步发掘，发现的墓葬少，而且亦未发现墓与墓的打破关系，虽然已注意到各墓随葬的陶器并不完全相同，有形制上的变化，但没有地层依据，因此未进行分期。

1979年春秋两季对裴李岗墓地的发掘中，发现墓葬较多，共清理82座墓。这批墓发现的层位已作了区分，而且在已清理的墓葬中亦有叠压和打破关系，随葬的器物亦有某些区别，因此而进行了分期。

裴李岗墓地1979年清理的82座墓发现于该遗址文化堆积层中的上、下两层，其中上层发现70座，下层发现12座。在上层墓中，有些墓有叠压和打破关系，如M80叠压在M89上，M82叠压在M87和M103上面，而M103又打破M87，M37则打破M43，M66打破M68。下层个别墓亦有打破关系，如M115打破M116。在上下层墓中，随葬的石器和陶器亦有某些差别，因此把这批墓分为上层和下层两期。

在上下两层墓中，出土的石器和陶器有一些区别，但区别不是很大。这种区别在文化分期中已经说过了，这里不再重述。

沙窝李墓地的墓葬亦有上下层之分。上层墓开口于耕土层下，有15座，下层墓开口于第二层底下，有17座。但两层墓随葬的器物似乎并没有明显的变化，因此未加以区分[8]。

　　莪沟墓地的墓葬亦未作分期，但发现有文化层与墓葬相叠和灰坑打破墓葬的地层关系，如第三层的灰坑 H6 打破了文化堆积层，该文化层下又压着 M31。H41 则打破了 M68。这两个灰坑均晚于墓葬，灰坑出土的陶器基本相同，而墓葬中出土的器物则有一定的区别，因此灰坑与墓葬年代应有所不同，但并未进行分期。

　　长葛石固墓地发现的 69 座墓亦进行了分期。主要是根据该遗址的文化分期分别把这 69 座墓归入各期，其中第一期的墓有 14 座，第二期的 9 座，第三期的 16 座，第四期的 30 座。在各期墓中有的有打破关系，如第二期的灰坑 H107 打破第一期墓 M25，二期的墓 M26 打破一期墓 M45。第四期的墓 M4 和 M5 分别打破三期的 M6，四期的房基 F7 则打破三期的墓 M65。

　　各期墓随葬器物的区别是：

　　第一期的墓，除有一座墓不明葬式者外，其余均仰身直肢。有 13 座墓均有随葬品，随葬的器物主要是陶壶，其次是石斧、石凿、骨锥等。随葬的器物较少，有 11 座只随葬 1 件，其中有 9 座只随葬陶壶，其余 2 座为石铲或骨锥。有 2 座墓随葬器物 2 件，分别为陶壶、石斧和陶壶、石凿。

　　第二期的 9 座墓葬式亦是仰身直肢。有 2 座墓无随葬品，7 座墓有随葬品，随葬的器物比第一期墓多一些，其中石器有磨盘、磨棒、斧、铲，陶器有壶、三足钵、罐等，骨器有镞和管形器。数量少者 1 件，一般为 3～5 件，有个别墓多达 10 余件。

　　第三期的墓葬中，有 15 座墓为死者的葬式仰身直肢，5 座墓为侧身屈肢。有 11 座墓有随葬品，5 座无随葬品。随葬的器物比二期墓又有所增多，其中石器有斧、铲、磨盘、磨棒和石球，陶器有三足钵、鼎、壶、碗等，骨器有镞、匕。少者1件，一般为3~5件，最多的14件。但是，在随葬有14件器物的M23，陶器只有折肩壶1件，其余均为石器和骨器，其中石斧6件，石铲1件，石球3件，骨镞3件。据人骨鉴定，墓主是男性。

第四期墓中，有22座葬式为仰身直肢，5座侧身屈肢，1座俯身葬，2座葬式不明。有随葬品的15座，其余无随葬品。随葬器物石器有斧、铲、磨盘、磨棒、砺石，陶器有钵、碗、壶、罐、豆等，骨器有镞。以随葬1件者为多，最多的只有6件[9]。

从石固墓葬的分期看来，早期墓的葬式均为仰身直肢，晚期墓出现一些侧身屈肢和个别俯身葬。随葬品早期墓几乎都有，晚期墓则有较多的墓无随葬品。在随葬陶器的形制上早晚期墓亦有一定的变化，突出的是早期墓出土的壶均为小口双耳圆腹或椭圆腹壶，晚期则出现折肩壶。

郏县水泉墓地清理的墓葬亦未分期，但该遗址的文化遗存已进行了分期，共分三期，已清理的120座墓，都被归属于第二期。

这批墓一般在耕土层下即露口，可知其年代较晚。有些墓有打破关系，如M21打破M30，M55打破M50，M72打破M71，M48打破M51，M45打破M38，M47打破M52。不过，这批墓虽有打破关系，但并未再作进一步的分期。从墓内随葬的石器和陶器看来，石器中的镰、铲、磨盘和陶器中的圜底钵、三足钵、圈足钵、双耳壶、三足壶、侈口罐和勺等，都与新郑裴李岗和密县莪沟的器物基本相同[10]。这就是说，水泉墓地的 120 座墓，其年代与裴李岗墓地的年代相当。

舞阳贾湖墓地清理的 349 座墓，亦根据该遗址的文化分期作了分期。该遗址的文化分期共分三期九段，每期有三段，这批墓亦被分别归入各期段，其中第一期的墓有 42 座，第二期的有 167 座，第三期 140 座，以第二期的墓多，第一期的墓少。

各期墓的变化是：第一期基本上都是单人葬，一次葬为主，有 1 座是二次葬；第二期的墓中，亦以单人一次葬为主，但有较多的二次葬和合葬墓。合葬墓有 35 座，合葬的人数不等，有两人的合葬，亦有三人以上的合葬。合葬的形式有三种，其中一次葬的合葬有三人合葬墓 1 座。一次葬与二次葬的合葬有 21 座，有两人的合葬，亦有多人合葬。二次葬的合葬有 13 座，主要是多人合葬。第三期的墓中，有 12 座合葬墓，其余都是单人葬，合葬墓中以两人的一次葬与二次葬的合葬居多，共 10 座，多人一次合葬和一次与二次葬的合葬各 1 座。由此可以看出，二次葬与合葬墓是从第二期发展起来的。

各期墓的随葬品亦有变化。第一期的墓无随葬品的较多，有随葬品的墓，随葬的器物种类和数量亦比较少，或只有 1 件陶器，少数墓有 2 件，或只有一些骨器和牙器，一般只有一两件骨针、骨镖或牙削。有个别墓随葬的骨器牙器较多，如 M58 是一位中年女性墓，随葬的骨牙器和石饰共 13 件。亦有个别墓随葬的器物较多，包括陶器、石器、骨牙器，如 M41 是一少年女性，随葬陶器 1 件，石器有斧、砺石，骨器有骨镖、针、环，还有牙削等共 16 件。

第二期墓有随葬品的较多，数量亦多一些。随葬的器物有的只有陶器，有的只有骨牙器，少数亦有陶器、石器和骨牙器。随葬的陶器一般亦只有 1 件或 2 件，最多的有 4 件，如 M233 是一成年男性墓，随葬的陶器有折肩壶、侈口罐和浅腹钵共 4 件，还有骨笛、骨镖、骨锥、骨镞、牙削和龟甲等。M275 亦是一成年男性墓，随葬的陶器则只有 1 件折肩壶，还有石斧、砺石及骨牙器等共 17 件。M344 亦是一壮年男性墓，亦随葬折肩陶壶 4 件，还有石器、骨牙器和龟甲共 33 件，这是单人葬中随葬品最多的。在合葬墓中，随葬的器物亦不少，如 M282 是一座二人合葬墓，随葬的陶器有折肩壶、侈口罐和罐形鼎各 1 件，还有石斧、石凿、砺石以及骨牙器、龟甲等共 61 件。

第三期墓似乎无随葬品的墓亦多一些。有随葬品的墓，随葬器物的数量也比较少，如 M400 是一老年男性墓，随葬的器物只有敛口陶罐 1 件以及石斧、砺石、石铲和骨凿共 7 件，这是三期单人墓中随葬器物最多的一座。M253 是一座两位中年男性合葬墓，随葬的器物只有陶壶 1 件以及骨、牙器和龟甲共 9 件。M263 亦是一座两位成年男性合葬墓，随葬的器物有陶器 4 件，还有骨牙器和龟甲 18 件，共 22 件，这是第三期合葬墓随葬器物最多的。

贾湖墓地各期墓的随葬品，除了有随葬器物种类和数量的多少变化外，随葬的陶器亦有形制的不同。变化比较明显的是陶壶，其中第一期随葬的陶壶主要是罐形壶，第二期墓主要是折肩壶，第三期墓主要是扁腹壶。当然，这只是主要的，并不是全都如此，在第一期墓随葬的陶壶中亦有个别墓有折肩壶，第二期墓的陶壶亦有少数罐形壶，第三期墓的陶壶亦有一些折肩壶。

裴李岗文化墓葬，虽然有几处墓地进行了分期，但各墓地的分期并不能代表裴李岗文化墓葬的系统分期。对裴李岗文化墓葬进行系统的分期，大体上可划分为早、中、晚三期：早期墓以裴李岗墓地为代表，包括沙窝李、莪沟、石固一至二期墓和水泉的第二期墓；中期墓以石固遗址的三、四期墓为代表，包括贾湖第一期墓；晚期墓则以贾湖二、三期墓为代表。如果再作分段，则可以分为三期六段：早期墓分 2 段，以裴李岗墓地下层和上层墓代表第 1、2 段；中期墓以石固三、四期代表第 1 段，贾湖一期代表第 2 段；晚期墓则以贾湖二、三期代表1、2 段。

早期墓的共性是：各墓地的墓葬均为一次葬，基本上都是单人葬，有个别二人合葬墓。葬式基本上都是仰身直肢，绝大多数墓都有随葬品。随葬的器物主要是石器和陶器，还有一些骨器，个别墓有绿松石装饰品。随葬的石器基本上都是农业生产工具，包括斧、铲、镰、磨盘、磨棒，其中随葬磨盘、磨棒还比较常见。陶器则有壶、罐、钵、鼎、碗、勺之类生活用具。随葬器物多者，均以陶器最多，而且是以女性墓的随葬品较多。

中期墓的特点是：以单人一次葬为主，但已出现一些二次葬。葬式上出现了屈肢葬和俯身葬。多数墓有随葬品，少数无随葬品。随葬器物以石器和陶器之类工具和用具为主，亦有一些骨器。随葬的工具既有农业工具，亦有手工业工具。随葬的陶器种类与早期墓差别不大，但形制有变化，如小口双耳壶出现了折肩，而且随葬陶器的数量有所减少，男女两性的随葬品出现一些差别，出现男性墓比女性墓的随葬品多的现象。

晚期墓的特点是亦以单人一次葬为主，但有较多的二次葬，合葬墓较多，合葬人数少者 2 人，多者 6 人。葬式亦以仰身为主，但有较多的屈肢葬。有随葬品的墓减少，无随葬品的增多。男性墓的随葬品增多，并以手工业和渔猎工具为主。随葬的陶器少，形制亦有所不同，其中陶壶以折肩壶和扁腹壶为主。

（三）葬式葬俗所反映的文化意识

裴李岗文化墓葬，是迄今为止在我国新石器时代发现的一批年代最早、数量最多的墓葬。这批墓葬资料完整，既有墓地，亦有比较规范的葬式葬俗，这说明当时人们对死者的埋葬已经形成了一种习惯制度。这种葬俗葬制的出现和形成必然有某种文化意识的支配。

在人类社会历史发展的长河中，曾经有过对死者的尸体不进行埋葬的历史时期。《孟子·滕文公上》云："盖上世尝有不葬其亲者，其亲死，则举而委之于壑。他日过之，狐狸食之，蝇蚋姑嘬之，其颡有泚，睨而不视。"这段记载说明在我国上古时代有过不葬其亲的历史。在这个历史时期，亲人死后，并不是将尸体进行埋葬，而是把它弃于山野沟壑，任其腐烂，孳生蝇虫，视而不见。

后来，随着历史的发展，开始对死去的亲人进行埋葬，但并没有什么葬式葬俗。《周易·系辞》云："古之葬者，厚衣之以薪，葬之中野，不封不树，丧期无数。"这种葬法，只是把死者的尸体置于野地，在尸体上堆放厚厚的草木，把尸体掩盖起来就是了，而不是挖土坑埋葬。

人类对死者的尸体进行埋葬，出现于哪一个历史时代？这个问题，文献上没有明确的记载，不得而知。从考古发掘的资料看来，似乎出现于旧石器时代晚期。在北京周口店龙骨山上发现的旧石器时代晚期山顶洞人的洞穴中，曾经发现洞内遗留的人骨中有装饰品。这个洞穴分上室、下室和下窨三部分：在上室中发现婴儿头骨碎片、骨针和装饰品；下室则发现 3 具完整的人头骨和一些躯干骨，人骨周围散布有赤铁矿的粉末及一些随葬品；下窨则发现许多完整的动物骨架。根据这些发现推测，山顶洞洞穴的上室是山顶洞人居住的地方，下室则是葬地，下窨的动物骨架是人类入居之前动物偶然坠入这个天然"陷阱"之中遗留下来的[11]。

按这种推测，则旧石器时代晚期，人类已经开始对死者进行埋葬。但是，这种推测未必可靠。从实际情况看来，山顶洞的上下两室都发现有人骨，而且人骨周围亦都有装饰品，主要包括穿孔的兽牙、海蚶壳、小石珠、小石坠和骨管等。不同的是，下室发现的人骨多一些，且人骨周围散布有赤铁矿粉末，因此下室被认为是山顶洞人的葬地。其实，下室发现的人骨虽与上室的人骨有所不同，但并没有任何迹象可以说明下室的人骨是经过人类有意识地进行埋葬的。

从现有的考古资料看来，在我国境内目前发现的墓葬，年代最早的典型墓葬乃是裴李岗文化墓葬。在裴李岗文化中发现的一批墓葬都是土坑墓，既有墓地，亦有一定的葬式葬俗，因此，这批墓葬无疑是人们有意识地对死者进行埋葬所形成的。由此看来，在距今七八千年的新石器时代早期，人们对死者的埋葬已经实行，而且已形成了习惯和制度，出现了比较规范的葬式葬俗。

对死者实行埋葬，与灵魂不灭的思想观念密切相关。这种思想观念认为，人是有灵魂的，人的灵魂依附于人体，人死之后只是人体的死亡，其灵魂则不灭。由于人类有了这种思想观念，因此对死者进行埋葬，目的是让死者的灵魂有归宿，不致流离失所。先民认为，如果对死者的尸体不作安置进行埋葬，其灵魂就会作祟而祸害人间，使人遭殃。所以，对死者进行埋葬，正是受灵魂不灭思想影响的结果。

裴李岗文化墓葬有其一定的葬式葬俗，它所反映的文化意识，最根本的一点，就是当时在人们的头脑里灵魂不灭的思想观念已经根深蒂固。对死者进行埋葬，以及葬式葬俗的安排，都是从灵魂不灭的思想观念出发的。但是在每一种葬式葬俗的安排上，又有其不同的意识。

在裴李岗文化中，对死者的埋葬都有固定的墓地。这种安排是从氏族组织的血缘观念出发的，它反映氏族组织血缘观念的牢固。在氏族社会时期，氏族组织是以血缘关系为纽带结合和维系的，一个氏族组织的成员都是同一祖先传下来的，有共同的血缘关系。同一氏族的成员，生前在氏族组织内一起生活，希望死后也能在一起，彼此不分离。正因为有这种思想观念，所以每一个氏族组织都设有氏族公共墓地，以埋葬本氏族的成员，使氏族成员死后亦和生前一样在一起。因此，裴李岗文化墓葬有固定的墓地，这反映出当时在人们的头脑中有十分牢固的血缘观念。

裴李岗文化墓地，在墓坑方向和死者的头向方面都有一定的选择。例如，裴李岗和沙窝李墓地的墓坑方向均为南北向，死者的头向均向南，其他墓地的墓坑方向和死者头向亦都基本一致，只是少数墓有所不同，这就说明当时对死者的埋葬，对墓坑方向和死者头向是有选择的。这种选择亦有其内在的文化意识。据民族学资料，在我国的少数民族中，对墓坑方向和死者头向的选择有不同的意识。有的民族埋葬死者时，墓坑方向和死者头向主要是选择祖居的方向，如瑶族人在选择墓坑方向和死者头向时就是依据祖居方向，认为该民族从哪里迁来，死者的头就朝向哪里，也就是朝祖居的方向。有的民族则对某一方向有特殊的信仰，因此在埋葬死者时，就将墓坑方向和死者的头向选择该民族所信仰的方向，如赫哲族人信仰西方为大，因此埋葬死者时就将死者的头向朝西，独龙族人则信仰东方，在埋葬死者时就将死者的头朝向太阳出来的东方[12]。裴李岗文化墓有方向的选择，不同的墓地有不同的方向，所反映的也许就是不同的氏族对某一方向有信仰。

裴李岗文化墓葬普遍都有随葬品，随葬的器物包括生产工具和生活用具，有的墓内还随葬有装饰品。这些随葬品无疑是有意识安排的，其核心意识主要是认为死者的灵魂不灭，因此为死者安排生产工具和生活用具随葬，让死者的灵魂在冥世中和生前一样从事劳动生产和生活。

注　释

[1] 开封地区文管会、新郑县文管会《河南新郑裴李岗新石器时代遗址》，《考古》1978 年第 2 期；开封地区文物管理委员会、新郑县文物管理委员会、郑州大学历史系考古专业《裴李岗遗址一九七八年发掘简报》，《考古》1979 年第 3 期；中国社会科学院考古研究所河南一队《1979 年裴李岗遗址发掘报告》，《考古学报》1984 年第 1 期。

[2] 中国社会科学院考古研究所河南一队《河南新郑沙窝李新石器时代遗址》，《考古》1983 年第 12 期。

[3] 河南省博物馆等《河南密县莪沟北岗新石器时代遗址发掘报告》，《河南文博通讯》1979 年第 3 期。

[4] 河南省文物研究所《长葛石固遗址发掘报告》，《华夏考古》1987 年第 1 期。

［5］中国社会科学院考古研究所河南一队《河南郏县水泉裴李岗文化遗址》，《考古学报》1995年第1期。

［6］河南省文物考古研究所《舞阳贾湖》（上卷），科学出版社1999年版。

［7］中国社会科学院考古研究所河南一队《河南汝州中山寨遗址试掘简报》，《考古》1986年第7期。

［8］同［2］。

［9］同［4］。

［10］同［5］。

［11］《中国大百科全书·考古学》第432页，中国大百科全书出版社1986年版。

［12］宋兆麟等《中国原始社会史》，文物出版社1983年版。

五 裴李岗文化的生产和生活以及社会发展阶段

裴李岗文化时期的生产和生活以及当时所处的社会发展阶段，在裴李岗文化遗存中都有所反映。现根据目前所发现的裴李岗文化遗存试作分析和探讨。

（一）裴李岗文化的生产和生活状况

裴李岗文化的生产和生活，据现有的发掘资料看来，已有多种成分。当时的经济生产已包括农业、手工业、渔猎、采集以及家畜饲养等，人们已经过着稳定的定居生活，但生活条件非常原始，生活水平亦非常之低。除了物质生活之外，仍有一些精神文化生活。根据各遗址内含的文化因素，裴李岗文化的经济生产和发展水平，早晚期有明显的差别，亦有地域性差别；生活条件和生活水平早晚期亦有所不同，也有地域性差异。

1. 农业生产

农业生产是裴李岗文化最重要的经济生产活动。裴李岗文化包含有不少农业因素，主要包括聚居的村落、农业生产工具、农业作物以及与农业生活相关的用具等因素。

聚居的村落是与农业生产密切相关的。聚居村落的形成与原始种植农业的发明密切相关，聚居村落的发展则与原始农业的发展相联系。

　　在人类社会历史发展的长河中，原始种植农业的发明大体只有1万年左右的历史。在原始农业发明之前，人类的生产活动主要是狩猎、捕鱼和采集野生植物的果实、挖掘野生植物的根块，以此谋生。在这种生产条件下，生产活动的流动性大，因此人类往往选择自然山洞作栖息之地。这一历史时代大体属于旧石器时代。考古发现的旧石器时代遗址，基本上都是洞穴遗址，而在这类遗址中都未发现农业文化因素。

　　原始农业的发明，大体始于距今1万年左右的新石器时代早期。当农业发明之后，人类便开始走出山洞，到适宜种植农业作物的地方，营建房屋，定居下来从事农业生产。有了农业生产，人类的生活来源也获得了可靠的保证，由此使定居生活稳定下来。而稳定的定居生活，又促进了聚居村落的形成和发展。所以，聚居村落的出现和发展，是与农业生产密切相关的。

　　裴李岗文化发现有大量的聚落遗址。而在各遗址内也发现了农业生产工具，有的遗址内还发现粮食作物遗存。各遗址内还发现与农业生活相适应的生活用具。由此说明，裴李岗文化遗址是典型的农业聚落遗址，在聚居的村落内，人们不仅从事农业生产，而且已过着稳定的定居生活。

　　农业生产工具在裴李岗文化各遗址中均有发现。各遗址出土的农业生产工具都有石斧、石铲、石镰、石磨盘和石磨棒，个别遗址还发现石锄。这几种工具中，石斧是开辟农地时用于砍伐灌木的工具，石铲和石锄是农业耕作工具，用于翻土松土，石镰是收割谷物用的工具，石磨盘和石磨棒则是谷物加工工具。这些工具，包括农业生产全过程所必须具备的生产工具，而且还有谷物加工工具。这说明农业生产在裴李岗文化时期已经是一项重要的生产活动，同时还有其他经济生产活动。裴李岗文化遗址出土的农业生产工具普遍都有石铲之类耕作工具，说明当时的农业生产已经进入耕作农业阶段。

这些农业生产工具加工制作非常精细。各种工具基本上都通体磨光，形制规整，棱角分明，其中加工最为精细的器物是石镰和石磨盘。石镰柄部都比较宽，其下有一缺口，便于木柄的安装，刃部有细密的三角形齿刃，有利于提高劳动效率。石磨盘是用一大块砂岩经过琢磨加工而成，盘底加工出四条对称的柱形短足，是在厚石板上仔细琢磨出来的，其加工的难度相当大。这些工具制作精工，有利于提高劳动生产效率，同时也说明当时人们对农业生产的重视。

从各类工具的形制看来，不同用途的器物具有适合其性能的不同形制。石斧体厚重，适于砍伐。石铲体长而面宽，比较轻薄，适于翻土松土。石镰体小，刃部加工有齿刃，适于收割谷物。石磨盘体大面宽，底部有四足，而且是选用砂岩作材料，有利于谷物的去皮脱壳加工。这些工具的形制和材料适合于不同的劳动用途，说明当时人们在农业生产劳动中已积累起丰富的经验，从而使劳动工具的制作在器形的设计上适合不同劳动性质的需要。

农业作物遗存主要发现有炭化水稻。在舞阳贾湖遗址发现不少炭化稻，共发现炭化稻标本千余粒，主要发现于文化堆积层中和红烧土内。据有关专家鉴定，这些炭化稻有野生稻，亦有栽培稻，其中栽培稻是通过水稻扇形硅酸体的形态学研究而确定的。根据研究结果，"贾湖先民种植的水稻，是一种尚处于籼、粳分化过程中的，以粳型特征为主的，具有原始形态的栽培稻种"[1]。

此外，在新郑沙窝李遗址的文化层内，还发现有一片比较密集的、像粟粒的炭化颗粒，它很有可能是炭化粟粒。

与农业生产相适应的生活用具在各遗址亦毫无例外都有发现。这些用具主要是陶器，包括鼎、罐、壶、钵、碗、盆、勺之类的炊具和饮食器皿。这类器皿，在出土时有的有经过使用的痕迹，但都没有油污残迹，因此应是与农业生活相关的用具。有些较大型的罐则有可能是储容器，亦可作储存谷物的器皿。

上述种种因素说明，裴李岗文化具有鲜明的农业文化色彩。农业生产是最主要的生产活动。种植的农业作物以粮食作物为主，南部地区主要种植水稻，北部地区则可能种植粟。当时的农业已经进入耕作农业阶段，具有一定的生产水平，基本上可以保证人们生活的需要。但是，从农业聚落遗址的面积小，发现的数量亦不多，分布相当分散，各遗址内含的文化遗存亦不很丰富等情况看来，当时的农业生产发展规模有限，种植的面积亦不大，大体还处于原始农业发展的初期阶段。

2. 手工业生产

手工业生产在裴李岗文化中亦是一项比较重要的生产活动。裴李岗文化遗址的发掘亦毫无例外都有手工业因素的发现，包括手工业产品及手工业生产工具等。根据已经发现的手工业产品和生产工具看来，当时的手工业大致有制陶、制石、制骨、木作和纺织等生产项目。

制陶是裴李岗文化最重要的手工业。在裴李岗文化遗址中都有陶器发现，而且是各遗址出土的遗物中数量最多的，有的遗址还发现有烧陶的窑址。不过，早晚期陶器的发展状况有所不同。

早期的陶器，出土数量少，制作技术和工艺水平比较低。大量的是红陶或棕红陶，亦有很少的灰陶，有泥质陶和夹砂陶。制法均为手制，小件器物用手捏塑而成，大件器物采用了泥条盘筑法。胎质疏松，火候低，有的陶片手捏即碎。器物种类少，主要有鼎、罐、壶、钵、碗、勺之类炊具和饮食器皿，器体均比较小，亦有一些较大的罐。制作比较粗糙，有的器物胎壁厚薄不均，器表打磨不平，器形亦不甚规整。多数器物均为素面，有的经过磨光，少数器物有纹饰，以篦纹为主，包括直线篦纹和折线之字形篦纹，还有乳丁纹、划纹、坑点纹和指甲纹。

晚期陶器出土数量多，制作技术和工艺水平有所提高。仍以红陶为主，灰陶增多，并出现黑陶。夹砂陶掺有蚌壳和滑石粉末，有的遗址出现了夹炭陶和夹骨屑陶。制法仍是手制，但多采用泥条盘筑法。胎质较硬，火候稍高。器物种类有所增加，出现盆、豆、杯、器盖等，有的遗址还发现釜、甑。器形变化多一些，形式较多。器体增大，小件器物较少，其中大型的罐已多见。器物的制作亦比较精细，胎壁厚薄比较均匀，器形亦比较规整。泥质陶多素面，夹砂陶则多有纹饰。除早期的纹饰外，还出现绳纹、附加堆纹和花边纹饰，并有个别彩陶片发现，有的遗址则以绳纹为主，早期的主要纹饰篦纹已成为次要纹饰。

裴李岗文化的制陶手工业，从早期到晚期的技术工艺水平虽然有明显的提高过程，但生产规模都不大。主要是各遗址出土的陶器并不十分丰富，发现的陶窑体积亦很小。

制石亦是裴李岗文化的重要手工业。在裴李岗文化遗址中，毫无例外地都有石制品出土，包括打制的细石片和磨制石器。磨制的石制品主要有斧、铲、刀、锛、凿等生产工具，还有琢磨兼制的石磨盘、石磨棒。此外亦有一些石球和石矛之类的渔猎工具，个别遗址还出土纺轮。这些石制品选用的材料主要有石灰岩和砂岩，其中石灰岩主要用于制作斧、铲、镰、凿之类生产工具，砂岩则用于制作磨盘、磨棒之类谷物加工工具。各类工具的加工制作都十分精细，通体磨光，器形规整，棱角分明，而且还出现穿孔石器，具有比较高的技术水平。

制骨手工业亦是比较重要的生产活动。在裴李岗文化遗址内，基本上都有骨制品发现，亦有砺石之类制骨工具的发现。但多数遗址出土的骨器少，只有个别遗址有大量骨器出土。出土骨器最多的是贾湖遗址，数量最多的是骨镞、骨镖之类的渔猎工具，亦有农业、手工业和生活上使用的骨制品。加工制作最为精美的骨制品是骨笛，它是选用鸟的尺骨作材料，在骨管上钻有数量不等的音孔，作吹奏乐器。出土骨器少的遗址一般只有一些镞、针、锥之类骨制品。从各遗址出土的骨制品看来，裴李岗文化的制骨手工业虽然有普遍性，但发展并不平衡，有的地区大量使用骨制品，有的地区很少使用骨器。

木作手工业在裴李岗文化中亦是比较重要的行业。这种手工业的存在，主要表现在有石锛、石凿之类木作工具出土，还有石斧亦是木作工具之一。在裴李岗文化中发现的房屋建筑遗迹中大多发现有柱洞，而且出土的生产工具有的亦须安装木柄。这些情况都说明裴李岗文化有木作手工业。

纺织手工业在裴李岗文化时期有可能刚刚出现。在裴李岗文化遗址中，多数都发现有用陶片加工的纺轮，但出土数量很少，个别遗址还出现石制的纺轮。在贾湖遗址出土的一件陶碗底部，还发现有布纹的印痕。纺轮的发现比较普遍，而且还普遍发现骨针，说明裴李岗文化时期已经掌握了纺线的技术，这是可以肯定的。从贾湖遗址发现布纹的情况看来，亦有可能已经掌握了织布的技术，不过这大概出现于裴李岗文化晚期。

3．渔猎和采集

在裴李岗文化中，渔猎和采集经济因素在各遗址亦不同程度地有所发现，它包括渔猎工具、动物遗骨以及果核等遗存。这些因素，多数遗址发现都不多，只有个别遗址发现较多。

在裴李岗遗址出土的动物遗骨有猪、羊、牛、鹿、獐、獾、鼠等，其中有的可能是家畜，多数是野生动物遗骨。但发现的狩猎工具很少，只出土了一些骨镞和石球、石矛。发现的炭化果核主要有酸枣核和核桃壳。

密县莪沟遗址亦出土了一些动物遗骨，但未作鉴定。经辨认，比较明显的有鹿和猫的遗骨。出土的炭化果核有酸枣核和核桃壳，还有麻栎。石固遗址出土的炭化果核多一些，有榛子、野胡桃、白榆和酸枣核等。郏县水泉遗址也发现有动物遗骨，其中有猪、鹿、麂等，出土的果核亦有酸枣核和核桃壳。

出土动物遗骨和采集遗存最丰富的是贾湖遗址。该遗址出土的动物遗骨数量和种类都多，种类包括陆生哺乳动物、水生动物和鸟类三大类。其中哺乳动物的种类有 14 种，包括猪、狗、水牛、黄牛、羊、鹿、獐、麂、貉、獾、猫、野猪、野兔、貂等，以鹿、麂、獐的遗骨最多，是狩猎的主要对象。水生动物遗骨有鱼、龟、鳖和蚌、蚬、螺壳等。鸟类则有天鹅及鹤的遗骨。采集遗存有野生稻、栎果、野大豆、野菱等。

根据各遗址出土的动物遗骨和炭化果核之类遗存来看，裴李岗文化的渔猎和采集经济并不占有重要地位，是一种辅助性生产。

4．家畜饲养

家畜饲养在裴李岗文化中亦已成为一项生产活动。这类文化因素在不少遗址内有发现。在各遗址出土的动物遗骨中有猪、狗、羊的遗骨，可能是家畜。

猪骨的发现比较普遍。新郑裴李岗、郏县水泉、汝州中山寨和舞阳贾湖遗址都有发现，基本上都是骨块，完整的猪骨架未发现。在裴李岗还发现陶塑的猪头形象，因此猪作为家畜的可能性最大。

羊的遗骨在裴李岗和贾湖遗址亦有发现，出土不多。裴李岗遗址亦发现陶塑的羊形象。因此羊作为家畜的可能性亦比较大。

狗的遗骨主要发现于贾湖遗址。在贾湖的居住遗址和墓地内发现有 10 个埋有狗骨架的坑，每坑埋狗一条，这些狗坑有可能是祭祀坑，因此狗作为家畜亦是可能的。

此外，在裴李岗和贾湖遗址内还发现牛骨，其中贾湖出土的牛骨经鉴定有黄牛和水牛，但作为家畜的可能性比较小。

家畜饲养虽然在裴李岗文化中出现，但这项生产尚比较原始，发现的遗骨并不多。

5．生活状况

裴李岗文化时期的经济生产包括农业、手工业、渔猎、采集及家畜饲养等，可知当时人们的物质生活是比较丰富的。当时农业生产已成为主要生产活动，而且有一定的发展基础和发展水平，并兼有狩猎、捕鱼、采集和饲养家畜等生产活动，物质生活来源已经有可靠的保证，生活条件是稳定的。

从裴李岗文化的聚落遗址看来，各遗址的文化堆积层都有一定的厚度，有的遗址的文化堆积层厚达 2 米以上，文化年代的延续亦比较长。因此可以肯定，裴李岗文化时期人们已经过着长期而稳定的定居生活。

但是，当时除了食物来源有比较可靠的保证之外，其他生活条件则非常原始、简陋。

裴李岗文化的房屋都是半地穴式基址，面积多在 10 平方米以下，只有少数在 10 平方米以上，小得几乎仅可容身。室内地面多为原生地面，很少有经过铺垫的。房基内的柱洞多无柱石。这类房屋大致是一种窝棚式房屋，既狭窄又潮湿，据此可以看出当时的居住条件是非常恶劣的，还不如旧石器时代洞穴遗址的居住条件好。

使用的生活用具亦很简陋。在裴李岗文化中发现的生活用具主要是陶器，亦有一些骨器。陶器的质量比较低，器物种类亦很少，基本上只有几种简单的炊具和饮食器皿，可能还有一些储容器皿。此外，还可能使用木质的用具，因为当时已经有木作手工业。而这些用具的制作都是非常简单和粗糙的。

当时人们的穿着大致与旧石器时代晚期差不多。但裴李岗文化的骨针发现较多，各遗址多有发现，而且还发现有纺轮。这说明当时人们已比较普遍地利用野生纤维纺线，以缝制兽皮或其他御寒之衣。到了晚期阶段，有可能已经知道织布，以缝制衣服，但也许只是刚开始出现。

除了物质生活外，裴李岗文化时期亦有一定的精神文化生活。裴李岗遗址中出土有陶塑的猪、羊头形象，莪沟遗址则出土陶塑的人像，而且在多数遗址内都出土绿松石装饰品。贾湖遗址还出土了一些石饰和牙饰，尤其是还发现有不少骨笛，这种骨笛在汝州中山寨亦有发现。在当时人们的思想观念中存在着灵魂不灭的信仰，可能还有巫术的信仰。贾湖墓葬中出土有不少的龟甲，可能就是一种巫具。凡随葬龟甲的墓主多系男性，由此看来，当时的巫师主要由男性担任。

（二）裴李岗文化的社会发展阶段

裴李岗文化遗存，不仅反映了中原地区七八千年前的经济生产和基本生活状况，同时也反映了某些社会内容和当时所处的社会发展阶段。

1. 裴李岗文化遗存反映的社会内容

裴李岗文化遗存反映的社会内容，主要有氏族组织的规模和结构、氏族内部的劳动分工和财产私有等问题。

当时的氏族组织规模和结构，从遗址和墓地的情况反映出来。

在裴李岗文化中，已经有聚落遗址和墓地。这些聚落遗址当是氏族聚居的村落遗址，墓地则是氏族的公共墓地。每一处聚落遗址大体就是一个氏族聚居的村落，其墓地亦是一个氏族的墓地。已发现的裴李岗文化遗址中，其面积有大小的不同，墓地亦有大小的不同。多数遗址的面积都不大，一般在3万平方米以下，只有个别遗址的面积较大，有5万多平方米。多数墓地的规模亦不大，一般只清理出墓葬几十座或百余座，亦有个别墓地的规模较大，清理出的墓葬有几百座。面积小的遗址和墓地属于裴李岗文化早期，面积大的遗址和墓地则属裴李岗文化晚期。根据各遗址和墓地的面积规模看来，裴李岗文化早期的氏族组织规模不大，人口还不多，晚期的氏族组织规模则比较大，拥有较多的人口。

　　裴李岗文化墓地多数都有墓群，只有个别墓地未发现墓群之分。早期墓地的墓群比较少，一般有 2～3 个墓群，晚期墓地的墓群较多，如贾湖墓地的墓群就有 8 个。在贾湖墓地发现的墓群中，清理的墓葬有多有少，一个墓群清理出的墓葬多的有百余座，少的只有几座。各墓地分布的墓群可能反映出当时的氏族组织内部有不同支系之分，一个墓群代表一个支系，其墓群中清理出的墓葬埋葬的可能都是这一支系的成员。墓葬较多的墓群，反映出这一支系的氏族成员发展比较昌盛，墓葬少的墓群，则反映该支系的氏族成员发展比较衰弱。至于贾湖墓地出现的迁葬合葬墓，则有可能是家庭或家族成员的合葬墓。

　　当时的氏族组织内部，男女两性间似乎有劳动分工，这从墓葬内随葬的劳动生产工具反映出来。

　　裴李岗文化墓葬普遍随葬有劳动生产工具，其中早期墓随葬的劳动生产工具基本上都是农业生产工具，晚期墓随葬的劳动工具则包括农业、手工业和渔猎工具。早期墓随葬的农业工具，各墓的情况有所不同，有的墓只随葬石斧、石铲和石镰之类的生产工具，有的墓则只随葬石磨盘、石磨棒之类的谷物加工工具。随葬不同工具墓的墓主，性别亦有所不同。据有的墓地的人骨鉴定，随葬石斧、石铲和石镰之类生产工具的墓主多为男性，而随葬谷物加工工具石磨盘、石磨棒的墓主则多系女性。例如：长葛石固墓地清理的 M23 的墓主是男性，随葬的劳动工具有石斧和石铲之类生产工具，还有石球，M46 的墓主是老年男性，随葬的工具亦是石斧和石铲；而 M14 和 M39 的墓主是女性，随葬的劳动工具都是石磨盘和石磨棒。由此看来，裴李岗文化早期，氏族内部男女两性间的劳动已有所分工，男子主要从事农业生产，妇女主要从事谷物加工和炊煮等家务劳动。

到了裴李岗文化晚期，男女两性间的劳动分工发生了变化。据贾湖墓地发掘的墓葬，随葬的劳动生产工具包括农业、手工业和渔猎工具，其中女性墓随葬的劳动工具，多数是石斧、石铲之类的农业生产工具或石磨盘之类的谷物加工工具，男性墓随葬的工具，则多数是石锛、石凿和骨镞、骨镖之类的手工业和渔猎工具。据此看来，裴李岗文化晚期氏族内部的劳动，妇女似乎主要从事农业劳动，男子则主要从事手工业和渔猎劳动。

裴李岗文化时期，氏族内部似乎已经有了私有财产，这从墓葬中的随葬品反映出来。在裴李岗文化墓葬中，无论哪一处墓地的墓葬，毫无例外都有随葬品，随葬的器物亦都包括劳动生产工具、生活用具和装饰品三类，以劳动工具和生活用具为主。这些随葬品当是死者生前所占有的财产。马克思在论述氏族社会的财产问题时指出："粗糙的武器、纺织物、家具、衣服、石制和骨制的工具和个人的装饰品，是其财产的主要对象。"这些财产是个人占有的，"占有的意图只是由于纯粹个人使用的物品"。在其死后，"都与已死的占有者一起殉葬到墓中，以便他在幽冥中能继续使用"[2]。根据马克思的论述，裴李岗文化墓中随葬的石器、陶器、骨器之类的劳动生产工具和生活用具以及绿松石饰之类的装饰品，无疑应当是死者生前个人所占有的财产，在其死后，作为随葬品埋入墓中，让死者在冥世中继续使用。

当时的氏族组织内部，个人所占有的财产还有一定的差别。在裴李岗文化墓葬中，各墓的随葬品有种类和数量的不同。有的墓随葬的器物种类和数量少，有的墓则比较多。从数量而言，少者只有一件，一般的有三四件或六七件，有的达10余件，多的20余件或30多件，其中随葬品较多的墓占少数。据此看来，当时的氏族组织内部，个人所占有的财产已有多寡不均，也可以这样说，当时的氏族社会，氏族成员间已出现贫富差别。

此外，裴李岗文化晚期阶段，在氏组织内部可能已出现巫师。在贾湖遗址发现的墓葬中，有的墓随葬有龟甲，龟甲内部装有小石子。这种龟甲，很可能是巫师使用的巫具，在其死后被作为随葬品，让他在冥世中继续从事巫师的活动。而随葬龟甲的墓主多数是男性，随葬的器物亦多一些，说明这类巫师占有的财产较多。

2. 裴李岗文化的社会发展阶段

裴李岗文化的年代距今约有七八千年，属新石器时代早期。当时的社会应处于氏族社会阶段。这一历史时期的氏族社会应当属于母系氏族社会。但是，从裴李岗文化的发掘资料看来，早晚期的文化发展水平有明显的差别，早期的遗址面积小，文化内涵并不丰富，发展水平低，晚期遗址的面积大，文化内涵相当丰富，发展水平高。早晚期的发展变化反映出当时的社会性质亦发生变化。

氏族社会一般分为母系氏族社会和父系氏族社会两个阶段。早期的氏族社会属母系氏族社会，晚期的氏族社会则属父系氏族社会。母系氏族社会的特征，最主要的是世系依母系计算，妇女是氏族中的组织者和领导者，社会地位较高，在氏族内部握有权力。父系氏族社会则世系依父系计算，在氏族内部男子握有权力，地位较高。

对于裴李岗文化的社会性质，有人已作过探讨。主要依据墓葬中的随葬品进行分析，认为女性墓的随葬品比男性墓丰富，由此推定当时的社会，女性的地位普遍较高，男性的地位则比较低，社会是处于世系按母系计算的母系氏族社会阶段[3]。

但是，根据现有的发掘资料看来，裴李岗文化早期的社会性质母系氏族社会的特点表现比较突出，晚期的社会性质则表现出既具有母系氏族社会的特点，亦具有父系氏族社会特点，似乎带有母系氏族社会向父系氏族社会过渡的特征。

裴李岗文化早期阶段的社会具有早期氏族社会的特点，主要表现在当时的聚落遗址和墓地的面积都比较小，遗址内的文化内涵还不丰富，文化发展水平比较低。这种现象，说明当时的氏族组织规模并不大，各氏族的文化发展水平亦比较低，具有氏族社会早期的特点。

裴李岗文化早期墓葬的葬式葬俗也反映出当时妇女的地位比男性高。在裴李岗文化墓葬中，各墓地墓葬随葬的劳动工具都有区别，有的墓只随葬石斧、石铲、石镰之类农业生产工具，有的则只随葬石磨盘、石磨棒之类谷物加工工具。凡随葬石磨盘、石磨棒的墓，随葬的陶器亦比较多。

在裴李岗遗址清理的 112 座墓中，随葬石磨盘、石磨棒的墓约有 20 座。此类墓随葬的陶器一般都包括壶、罐、钵等器物，数量在 3~4 件左右，少的有 3 件，有的还有绿松石饰。其中有两座墓的随葬品最多，M15 随葬器物 24 件，M27 随葬器物 29 件，都是随葬石磨盘和石磨棒的墓。这两座墓随葬的劳动工具除石磨盘、石磨棒各 1 件外，其余都是陶器。而随葬石斧、石铲、石镰之类工具的墓，随葬的陶器都少，或 1 件，或 2~3 件，包括壶、钵之类器物。

在莪沟墓地发现的墓葬亦同样如此。该墓地共清理墓 68 座，其中随葬石磨盘、石磨棒的墓 9 座。这类墓的墓坑一般形制较大，随葬品较多，其中亦有两座墓（M61 和 M34）的随葬品最多，都是 14 件，除石磨盘、石磨棒外，其余亦是陶器，包括罐、壶、钵、勺等各类器物。而随葬石斧、石铲、石镰之类的工具的墓，随葬的陶器亦较少[4]。

根据石固墓地的人骨鉴定，随葬石磨盘、石磨棒的墓主多是女性，而随葬石斧、石铲和石镰之类工具的墓主多系男性。这种现象绝非偶然，它反映出当时男女两性的社会地位有所不同，女性墓比男性墓的随葬品丰富，说明女性在当时的氏族组织内部享有比较高的地位。尤其是在各墓地内都发现有个别女性墓拥有的随葬品最多，这类墓的墓主很有可能是氏族内部地位最高的女性。

裴李岗文化早期的聚落遗址和墓地面积小，文化发展水平亦不高，这具有氏族社会早期的特点，而且在墓葬的葬式葬俗上也反映出女性的地位比男性高，具有母系氏族社会的特点，因此，把裴李岗文化早期的社会性质推定为母系氏族社会，是比较合乎实际的。

但是，到了裴李岗文化的晚期阶段，和早期相比，已经有了很大的变化。这一阶段的聚落遗址和墓地面积大，内涵亦相当丰富，文化发展水平比较高。这反映出裴李岗文化晚期的氏族组织比早期发展壮大，氏族内部的文化发展水平亦比早期有显著提高。这可以以贾湖遗址为代表作具体的说明。

舞阳贾湖遗址的文化年代，从文化面貌特征上看，比其他遗址晚，应属裴李岗文化晚期。该遗址的面积约 5.5 万平方米，包括聚落遗址和墓地，内涵相当丰富。在聚落遗址内发现的房屋建筑遗迹有几十座，灰坑几百个，还有不少的陶窑。墓地内清理的墓葬亦有几百座。出土的遗物有大批陶器、石器和骨器等。这一聚落遗址的面积大，内涵丰富，反映出当时的氏族组织比早期发展壮大，氏族内的文化发展水平亦有显著提高。

裴李岗文化晚期阶段，不仅氏族组织发展壮大，文化发展水平提高，而且社会制度和社会性质亦出现了变化。这在贾湖墓地墓葬的葬式葬俗中表现出来。

在贾湖墓地发现的近 400 座墓葬中，虽然仍以单人葬为主，但出现了不少合葬墓，而且随葬品亦与早期墓有所不同。

贾湖墓地出现的合葬墓，合葬形式有三种，一是一次葬的合葬，二是一次葬与二次葬的合葬，三是二次葬的合葬。合葬人数不等，少者二人，多者有六人。这批合葬墓，既有同性合葬，亦有异性合葬。在二人的合葬墓中，以同性合葬较多，异性合葬较少，而在多人的合葬墓中，则异性合葬较多，同性合葬较少。

在二人的合葬墓中，主要是男性合葬墓，亦有男女合葬墓。例如：M61 是二人的合葬，为一次葬与二次葬的合葬。死者均为男性。M253 亦是一座二人的合葬墓，为一次葬的合葬，死者均为成年男性。M205 则是壮年男性合葬，亦是二人的合葬，其中一人为一次葬，一人为二次葬。M106 则是一座成年男女合葬墓。男性为一次葬，女性为二次葬。男性的年龄约 40～45 岁，女性年龄约 35～40 岁。

在多人合葬墓中，多数是成年人异性合葬，亦有同性成年人的合葬和异性成年人与小孩的合葬。例如：M76 是一座五人的合葬墓。合葬的死者均为男性，其年龄分别在 20 岁～50

岁之间，有不同的年龄段。M353 则是三人合葬墓。其中两人为成年男女，一人为少年。M281 亦是三人合葬墓。均为成年人，其中男性二人，女性一人。M326 则是四人合葬墓。其中男性二人，女性二人。男性为一老年人和一中年人，女性均为中年人。M327 亦是四人合葬墓。其中男性三人，女性一人。男性中有老年人二人、壮年人一人，女性为壮年人。M394 为一座六人的合葬墓，其中成年人五人，小孩一人。成年人中有男性三人，女性二人。异性合葬墓的出现反映出当时的社会制度和社会性质已发生变化。

氏族社会时期的葬俗和葬制在一定程度上反映了当时社会制度的现实。在氏族社会时期，每一个氏族都有自己的公共墓地，以埋葬本氏族成员，非本氏族的成员是不允许埋葬在氏族墓地内的，这是氏族的血缘观念所决定的一种习惯制度。因此，埋葬制度对研究当时的社会制度和社会性质是很重要的资料。

在母系氏族社会中，氏族墓地是不可能出现异性尤其是成年男女合葬的，这主要是由当时的婚姻关系决定的。母系氏族社会时期的婚姻关系属于群婚和对偶婚。这种婚姻关系是在两个不同的氏族之间通婚，即甲氏族与乙氏族互相通婚，甲氏族的一群成年男女与乙氏族的一群成年男女互为夫妻，或各有一个主夫、主妻。在这种婚姻关系中，夫与妻是分属于不同氏族的成员。

由于母系氏族社会时期夫与妻分属于不同氏族，因此，母系氏族社会的氏族墓地就不可能出现成年异性合葬。夫妻合葬墓只有在父系氏族的墓地内才有可能出现。

从贾湖墓地发现的合葬墓看来，它既有同性合葬，亦有异性合葬。这两种合葬方式既有母系氏族社会葬制的特点，又有父系氏族社会葬制的特点。其中同性合葬具有母系氏族社会葬制特点，因为这种合葬墓的死者都是属于同一氏族的成员，而异性合葬，像 M106 的合葬是一对成年男女的合葬，两者年龄段亦相当，男性年龄约 40～45 岁，女性年龄为 35～40 岁，很可能是一座夫妻合葬墓。至于多人异性合葬中男女的比例数虽有所不同，但其中可能亦有一对夫妻合葬。这种合葬就带有父系氏族社会葬制的特点。

贾湖墓地的合葬墓不仅有同性合葬和异性合葬，同时在随葬品上，男女两性之间亦有一些差别，出现男性墓的随葬品多于女性墓的现象。

M41 是一座女性墓，一次葬，墓主年龄为 12～15 岁。随葬的器物共 16 件，其中陶壶 1 件，其余为砺石、石斧、骨镖、骨针、骨环和牙削等。M58 亦是女性墓，年龄为 30～40 岁，随葬器物有石坠饰、石饰和骨针等 13 件。M113 是女性成年人墓，随葬器物共 15 件，其中陶壶 1 件，余为砺石、骨锥、骨镖、骨针、骨板、牙饰和蚌壳。这些墓都是女性墓中随葬器物较多的。

在男性墓葬中，随葬品一般都较多。如 M127 墓主是男性，年龄约 40～45 岁，随葬器物共 13 件，其中陶壶 1 件，余为骨器和牙削。M121 埋葬的是一位 25～30 岁的男性，随葬器物共 16 件，其中陶壶 1 件，余为石斧、石饰、骨器及牙器、龟甲等。M275 埋葬的亦是一位男性，年龄为 30～35 岁，随葬器物共 17 件，其中陶壶 1 件，其余为石斧、砺石、骨器及牙器。M395 埋葬的是壮年男性，随葬器物共 19 件，其中陶壶 1 件，余亦为石器和骨器。M282 则是一座二人合葬墓，均为男性，年龄分别为 35 岁和 40 岁左右，随葬器物共 61 件，其中陶壶 3 件，余为石斧、石凿、砺石及骨器、牙器、龟甲等，这是随葬品最多的墓。

贾湖墓地的葬式葬俗既有母系氏族社会葬制的特点，亦有父系氏族社会葬制的特点，男女两性墓的随葬品亦有差别，甚至出现男性墓的随葬品略多于女性墓的现象。这是否反映出当时的氏族社会已开始出现变化，已处于从母系氏族社会向父系氏族社会转变的阶段？这是有可能的。总之，裴李岗文化晚期的社会与早期相比是有发展变化的，认为裴李岗文化时期的社会完全属于母系氏族社会阶段似乎并不符合实际。可以肯定，裴李岗文化晚期阶段已不是典型的母系氏族社会。

注　释

［1］河南省文物考古研究所《舞阳贾湖》（上卷）第 890 页，科学出版社 1999 年版。

［2］马克思《摩尔根〈古代社会〉一书摘要》第 50 页，人民出版社 1956 年版。

［3］朱延平《裴李岗文化墓地初探》，《华夏考古》1987 年第 2 期。

［4］河南省博物馆等《河南密县莪沟北岗新石器时代遗址发掘报告》，《河南文博通讯》1979 年第 3 期。

六　裴李岗文化发展的源流

任何事物的发展都有它的源流，绝没有无源之水和无本之木。裴李岗文化作为中原地区的新石器时代早期文化，它的发展亦必有其源流。这种源流，也就是裴李岗文化的来源及其后续文化。

探索裴李岗文化的来源，目前的条件并不完全具备，主要是年代早于裴李岗文化的新石器时代早期文化的考古资料尚少，但亦不是完全没有一点线索可寻。至于探索裴李岗文化的后续文化则条件具备，年代晚于裴李岗文化的新石器时代中期文化在中原地区已有发现。一般认为，裴李岗文化的后续文化应该是分布在中原地区的仰韶文化，而分布在黄淮下游地区的青莲岗文化或大汶口早期文化，亦与裴李岗文化有渊源关系。

（一）裴李岗文化的来源

裴李岗文化是属于中原地区的新石器时代早期文化，其年代距今约七八千年。因此，探索裴李岗文化的来源，就必须向分布在中原地区的、年代早于裴李岗文化的新石器时代早期文化追溯。但是，由于目前在中原地区发现的新石器时代早期文化比较缺乏，因此，探索裴李岗文化的来源，可以说尚不具备条件。

在中原地区发现的新石器时代早期文化中，还有年代与裴李岗文化比较接近的磁山文化，因此，裴李岗文化是否与磁山文化有渊源关系，也就是裴李岗文化是否来源于磁山文化，这是探索裴李岗文化来源首先必须考虑的问题。

从裴李岗文化和磁山文化的内涵来看，两者之间有不少共同的文化因素，文化面貌亦有相同或相似的特征，因而两者之间似有渊源关系。但是，从文化年代看来，磁山文化的年代比裴李岗文化晚，大致相当于裴李岗文化晚期，因此磁山文化不属于探索裴李岗文化来源的对象。

此外，在晋北地区发现了新石器时代早期文化遗址，这就是鹅毛口遗址。这个遗址出土的遗物主要是打制石器，亦有个别磨制石器，其年代无疑应早于裴李岗文化的年代。因此，鹅毛口的新石器时代早期文化自然就成为探索裴李岗文化来源的重要对象。不过，目前所发现的新石器时代早期文化中，年代早于裴李岗文化的资料还很缺乏，所以，有的学者在探索裴李岗文化来源时，除了把鹅毛口的新石器时代早期遗存作为对象外，往往是把华北地区发现的旧石器时代晚期文化亦作为追溯的目标。

有的学者提出，目前探索裴李岗文化的渊源，只有从中原地区发现的"下川文化、小南海和灵井文化中去找。但是这三处文化还属于旧石器时代晚期，没有陶器，没有磨制的生产工具。尽管如此，有些石器还是可以看出它们之间的关系。例如小南海和灵井发现的长条刮削器，如果加工磨制不就成了裴李岗文化的石刀吗？发现的弧背长刮器，不是裴李岗文化石镰的坯型吗？下川文化的石锯与裴李岗文化的锯齿镰当有一定的关系。灵井发现的砍砸器和厚刃尖状器，与裴李岗文化的石斧当有一定的关系。小南海和灵井发现的尖状器，有的是用手挖掘植物的根块，后来用于农业生产松土播种的石铲，可能是从这类尖状器演变而来。下川文化中的研磨制骨器的砺石，对裴李岗文化都会有一定的影响。虽然我们可以看到这些点滴的渊源关系，但它们并不是直接衔接的，中间的缺环是明显地存在着"。在认定中原地区的旧石器时代晚期文化与裴李岗文化有渊源关系的基础上，该学者同时又提出："晋北鹅毛口文化的发现，对我们寻找这个缺环是一个极大的启发。鹅毛口文化属于新石器时代早期文化，出土的石斧、石锄、石镰，虽然基本上是打制的，但是它当属于原始的农业氏族文化。鹅毛口遗址中发现 38 件打制的石斧，23 件龟背状斧形器，这与小南海和灵井的石器相比向裴李岗文化靠近了一步。其实鹅毛口文化中还有更接近裴李岗文化的器物，例如发现了 26 件厚身长柱形的打制石斧，特别是还有 1 件磨光的石斧，基本形态和裴李岗的石斧相似，断面也近似椭圆形。还有打制的石镰，有背有刃，如经加工磨制，就会成为类似裴李岗文化的石镰。尤其是打制的石锄器形呈长方形，大型的长 193、宽 90、厚 32 毫米，小型的长 106、宽 50、厚 19 毫米，这不等于就是磨制石铲的坯型吗？根据这些情况，鹅毛口石器与小南海和灵井的石器相比较，不只是前进了一步，而是大大的前进了，它与裴李岗文化的距离不会太远了。但是，鹅毛口文化还没有陶器，从这一点来说它与裴李岗文化之间还有一定的距离，还有缺环。"[1]

裴李岗文化与鹅毛口早期新石器文化有渊源关系，亦还有人持相同的认识。主要认为，"鹅毛口遗址中的椭圆手斧，长柱形的石斧，长方弧刃石铲与裴李岗文化中出土的齿刃石镰形状也大致相同"。据此推测，"裴李岗文化可能就是从上述鹅毛口的'大石片砍砸器—厚尖状器'系统发展而来，但它们之间明显的存在着缺环"[2]。

　　鹅毛口遗址发现的新石器时代早期文化虽然在年代上比较接近于裴李岗文化，但它不可能是裴李岗文化的来源。鹅毛口遗址与磁山文化的分布地域比较接近，且磁山文化的石器亦与鹅毛口的石器有比较明显的渊源关系。例如，磁山文化有比较多的打制石器，约占石器总数的一半，而鹅毛口的石器则以打制为主。两者的石器中亦有某些器物的形制相似，如两者都有打制的石斧、石铲和石镰。这说明，磁山文化与鹅毛口的早期新石器文化有比较密切的渊源关系，磁山文化有可能是来源于鹅毛口的新石器时代早期文化。因此鹅毛口的新石器时代早期遗存不可能是裴李岗文化的来源。

　　根据现有的考古资料，裴李岗文化的来源最有可能的是小南海和灵井发现的旧石器时代晚期文化。小南海和灵井的旧石器时代晚期文化都处在裴李岗文化的分布范围之内，而且小南海和灵井的旧石器都包含有大型的打制石器和细石器两大系统，大型打制石器发展到新石器时代即为磨制石器，细石器发展到新石器时代则趋于衰落，因此，裴李岗文化的石斧、石铲、石镰之类磨制石器当是从小南海和灵井的大型打制石器包括砍砸器和刮削器这一系统发展来的，而细石片石器则是小南海和灵井细石器系统发展的孑遗。所以，裴李岗文化与小南海及灵井的旧石器时代晚期文化应该是有渊源关系的。

　　不过，在豫中地区和豫北地区分布的裴李岗文化面貌特征并非完全相同，有一定的地方差异。例如，在豫中地区分布的裴李岗文化打制石器发现少，基本上都是细石片，而淇县花窝遗址发现的裴李岗文化遗存则有较多的打制石器，而且有较大的尖状器和刮削器，其文化面貌特征则带有磁山文化和裴李岗文化特征，因此，豫中和豫北的裴李岗文化应属于不同的类型。据此，我们认为分布在豫中的裴李岗文化可能主要与许昌灵井的旧石器时代晚期文化有渊源关系，而分布在豫北的花窝类型文化则主要与小南海的旧石器时代晚期文化有渊源关系。

（二）裴李岗文化的后续文化

裴李岗文化的后续文化，一般认为是分布在中原地区的仰韶文化。有不少学者都认为仰韶文化与裴李岗文化有渊源关系，裴李岗文化的发展为仰韶文化所继承。

有的学者在探索仰韶文化的渊源时，就认为仰韶文化与裴李岗文化有渊源关系。有学者指出："裴李岗文化虽然区别于仰韶文化，但是它又与仰韶文化有一定的联系。从整体来说，它们是相区别的，从局部来说，它们又是相联系的。"这主要是通过对两者内含的文化因素和文化面貌特征作具体分析后，认为两者之间存在有共性。这种联系并不是一般的联系，"而是一种承袭关系的表现，是文化的'源'和'流'的关系"[3]。

有人则根据对郏县水泉遗址出土器物的分析，认为裴李岗文化和仰韶文化有渊源关系。这是因为水泉遗址出土的遗物中，有"敲砸器、两侧带缺口的石刀、石镰、假圈足碗、敛口钵、深腹盆以及彩陶等，与后来仰韶文化的同类器物都很接近或相同，表明两者具有密切的渊源关系。"[4]

但是，有的学者则认为，裴李岗文化与仰韶文化是否有直接的承袭关系尚不清楚。"从发展的序列上来看，裴李岗和磁山两个文化早于仰韶文化，同时它们的因素又见于仰韶文化的早期遗存中，这就为仰韶文化的起源问题提供了新的论证"。但又觉得"仰韶文化同以裴李岗磁山为代表的文化遗存的关系，究竟是直接承袭，还是交错存在而互有影响？豫、晋、陕交界地区早于仰韶文化的遗存，其文化面貌与裴李岗、磁山有无不同，至少目前还不够清楚"[5]。

从现有的发掘资料看来，裴李岗文化和仰韶文化之间，绝不是交错存在而互有影响的两种文化，而应当是中原地区的两个不同发展阶段的两种文化，是前后相承的两种文化，只是在年代上尚有一段缺环。这种传承关系，不仅在两者的文化因素和文化面貌特征上表现明显，而且还有地层关系可以证明。

1. 裴李岗文化与仰韶文化的传承关系

裴李岗文化和仰韶文化之所以应该是前后相继的新石器时代文化，主要是两者之间既有互相传承的必要条件，而且文化上也有传承的发展线索和发展演变规律。

裴李岗文化和仰韶文化之间传承的条件，是两者有共同的分布地域。裴李岗文化分布的范围亦是仰韶文化分布的范围之一，而且两者的发展年代一早一晚。裴李岗文化的发展阶段属新石器时代早期，其年代距今约七八千年，仰韶文化的发展阶段，则属新石器时代中期，其年代距今约五六千年，两者前后相距约有千年之久。这种地缘关系和年代关系，就是裴李岗文化与仰韶文化之间传承所具备的条件。

裴李岗文化和仰韶文化之间的传承发展线索和演变规律在两者的文化因素和文化特征上表现出来。现以两者的聚落遗址、房屋建筑、墓葬的葬式以及石器和陶器的发展演变作具体的分析说明。

从裴李岗文化到仰韶文化，聚落遗址形成和发展的线索是遗址由少到多，面积由小到大，遗址内含的文化遗存则由不丰富到丰富。

据目前的调查发掘资料，在裴李岗文化和仰韶文化共同分布的地域内，裴李岗文化遗址只发现百余处，仰韶文化遗址则发现有二三百处。裴李岗文化遗址的面积，小的一般在 1～3 万平方米，大的有 5 万多平方米，后者一般属晚期遗址。仰韶文化遗址的面积则比较大，小者一般接近 10 万平方米，大者在 10 万平方米以上，最大的则有几十万平方米，郑州大河村仰韶文化遗址的面积就有 30 多万平方米。裴李岗文化遗址的内涵一般都不丰富，尤其是出土的遗物只有少量的陶器、石器和骨器等，其中晚期遗址出土的遗物丰富一些。仰韶文化遗址的内涵则相当丰富，一般都有大量陶器、石器和骨器等遗物出土。

裴李岗文化和仰韶文化房屋建筑的发展线索和演变规律是：房屋建筑方法从半地穴建筑到地面建筑，面积由小到大，结构由简单到复杂。

裴李岗文化的房屋基本都是半地穴式基址，晚期出现地面建筑，仰韶文化的房屋则有半地穴式和地面建筑两类。裴李岗文化的房屋面积比较小，最小的只有几平方米，大的在 10 平方米以上，少数 20 平方米以上；仰韶文化房屋的面积大，小的在 10～20 平方米，有少数大房子的面积达数十平方米至 100 平方米。裴李岗文化的房屋结构简单，地面多未经铺垫，柱洞内未垫有柱石；仰韶文化的房屋结构比较复杂，地面多经过铺垫，柱洞内多垫有柱础石，地面建筑的房屋墙壁采用草拌泥墙，并用细泥抹平，有的木骨泥墙还经火烧，既坚硬，又可防潮。

墓葬的葬式发展线索是由单人一次葬到二次迁葬合葬墓的出现，并成为主要葬式。裴李岗文化墓葬的葬式，早期基本上都是单人一次葬，晚期出现二次葬，并有部分二次迁葬合葬墓，合葬人数少者二人，多者六人。仰韶文化墓葬的葬式，早期以单人一次葬为主，亦有部分二次迁葬合葬，合葬人数少者二人，多者有七八人，稍晚的则以二次迁葬为主，合葬人数少者二人，多者有几十人，一般的有七八人。

石器的发展线索是种类和数量由少到多。裴李岗文化的石器，早期基本上只有农业劳动工具，包括斧、铲、镰、刀、磨盘、磨棒等，晚期则出现手工业工具，包括锛、凿、砺石等。仰韶文化的石器，一般都有较多的斧、铲、刀、锛、凿、砺石之类的农业和手工业工具。这些工具有的形制特征亦相似，如石斧、石铲的形制即比较接近。尤其是石刀的形制，在裴李岗文化晚期中出现两侧带缺口的石刀，仰韶文化的石刀基本上都是两侧带有缺口的。

陶器的发展线索和演变规律是：两者均以红陶为主，灰陶和黑陶由少到多，质量由低到高，制作技术水平亦由低到高和由粗到精，器物种类则由少到多，器形由简单到复杂，器体由小到大，纹饰由简单到复杂。

裴李岗文化的陶器，早期基本上都是红陶，亦有一些灰陶。胎质疏松，火候低，有的陶片手捏即碎。手制，小件器物用手捏塑，大件器物采用了泥条盘筑法。制作粗糙，有的胎壁厚薄不均，器表打磨不平。器物种类少，基本上只有饮具和饮食器具，包括鼎、罐、壶、钵、勺几种，形式简单，器体亦比较小。纹饰亦比较简单，主要有刻划的篦纹、坑点纹、划纹、指甲纹等。晚期陶器有较多的灰陶，并出现黑陶。胎质比较坚实，火候高一些。制法多采用泥条盘筑法。制作比较精细，胎壁厚薄较均匀，器形较规整。器物种类增多，除早期的器物外出现盆、豆、盘、器盖、釜、甑等，形式变化较多，器体增大，并出现一些较大型的罐，可能是储容器。纹饰亦比早期复杂，既有刻划的篦纹、划纹等，还出现拍印的绳纹、附加堆纹，并出现彩陶。

仰韶文化的陶器亦以红陶为主，还有少量的灰陶和黑陶。胎质坚硬，火候高。制法均以手制为主，普遍采用泥条盘筑法，并出现用慢轮加工修整的技术。器物的制作精细，胎壁厚薄均匀，器形规整，表面光滑。器物种类多，有鼎、釜、灶、罐、壶、瓶、钵、碗、盆、盘、豆、杯、缸、瓮和器盖等，包括炊具、饮食器、水器和储容器皿，器体较大。各类器物都有不同的形式，变化大。彩陶发达，以黑彩为主，亦有红彩。花纹有几何形纹、动物花纹和植物花卉纹等，亦有刻划和拍印纹饰，纹样复杂。

裴李岗文化和仰韶文化的陶器，有些器物的形制亦有发展演变关系。裴李岗文化中出现的小口双耳壶，在仰韶文化中也有发现，还有尖底的小口双耳壶，与仰韶文化的小口尖底瓶的形制亦比较接近，两者可能有演变关系。裴李岗文化的直口圜底钵亦与仰韶文化的同类器相近。裴李岗文化晚期出现的深腹罐形鼎与仰韶文化的罐形鼎形制相似，尤其是裴李岗文化晚期出现的折腹釜形鼎，形制与仰韶文化的同类器基本一致。此外，在裴李岗文化晚期还出现一些彩陶片，这可以说是开仰韶文化彩陶发展的先河。

从以上所作的对比中，可以看出裴李岗和仰韶文化的发展线索是非常明显的。在这一发展线索中，最根本的问题是两者的文化发展水平有差距，裴李岗文化的发展水平低，仰韶文化的发展水平高。这种发展水平的差距，与裴李岗文化的发展阶段早而仰韶文化的发展阶段晚有关。两者的文化因素和文化面貌特征的发展演变规律，则体现出两者之间有前后相继的传承关系。这就说明，仰韶文化应该是在裴李岗文化的基础上发展起来的新石器时代中期文化，它和裴李岗文化并不是交错存在而互有影响的两种文化。

2．裴李岗文化与仰韶文化的地层关系

裴李岗文化与仰韶文化之间的传承关系，还有地层关系作证明。在裴李岗文化和仰韶文化遗址的发掘中，都发现有仰韶文化与裴李岗文化相叠的地层。这种地层关系在长葛石固、汝州中山寨、渑池班村和孟津妯娌遗址都有发现，其中石固和中山寨遗址的发掘资料已发表，其余均未正式发表。

石固遗址的发掘分 A、B 两区，A 区和 B 区都发现仰韶文化与裴李岗文化上下相叠的地层。A 区的文化堆积层较厚，仰韶文化层直接叠压在裴李岗文化层之上，其中裴李岗文化层内发现的遗迹和遗物比较丰富，大概是裴李岗文化遗址的中心区。B 区的文化层薄，以往平整土地时破坏了部分文化层，保存仰韶文化层厚约 0.5～2 米，其下叠压的裴李岗文化层中发现的遗存少，大概是裴李岗文化遗址的边缘区。

汝州中山寨遗址的文化内涵则主要属仰韶文化遗存，仰韶文化层厚，裴李岗文化层薄。其地层堆积是：耕土层下即仰韶文化层，仰韶文化层有第 2 和第 3 两层，在仰韶文化层下叠压着裴李岗文化层，其下即为生土层。

渑池班村和孟津妯娌遗址亦是仰韶文化遗址，在仰韶文化层下叠压有裴李岗文化层，其堆积亦不厚。

此外，在有的遗址中，还调查发现有仰韶文化和裴李岗文化遗存，这类遗址估计亦有两者相叠的地层关系。

仰韶文化和裴李岗文化上下相叠的地层关系证明仰韶文化是继承裴李岗文化发展起来的。

但是，仰韶文化的分布范围广，在陕西、河南、山西、河北等地都有仰韶文化分布。而且各地所发现的仰韶文化，其面貌特征亦不尽相同，因此有不同类型之分。尤其是在仰韶文化分布的范围内还发现磁山文化和老官台文化，这样，裴李岗文化虽然与仰韶文化有渊源关系，裴李岗文化的发展为仰韶文化所继承，但不能就此认为裴李岗文化与各地的仰韶文化都有前后相承的渊源关系。因此，对裴李岗文化与仰韶文化的传承问题还有必要作进一步的研究，以弄清它究竟与哪一地区分布的仰韶文化和哪一种文化类型有直接的传承关系。

3. 仰韶文化诸类型与裴李岗文化的渊源

裴李岗文化主要分布在河南境内，因此，从分布的地域看来，裴李岗文化应该为河南境内分布的仰韶文化所继承。但是，在河南境内分布的仰韶文化中，不同地区的文化面貌亦有一定的差异，因此亦有不同类型之分。其中豫北地区有后岗类型和大司空村类型，豫中地区则有大河村类型，豫西地区亦有王湾类型和庙底沟类型，豫西南地区则有下王岗类型。这些类型中，有的有年代早晚的不同，如后岗类型和大司空村类型均分布在豫北和冀南地区，两者当是年代不同的类型。有的则面貌比较接近，如郑州大河村和洛阳王湾的仰韶文化面貌就比较接近，因此这两地的仰韶文化似乎可以归属为同一种类型，或称王湾类型，或称大河村类型。这里要说明的是，此处所说的大河村类型或王湾类型，是包括这两个遗址各期的仰韶遗址。

在这些类型中，有的学者认为仰韶文化后岗类型与裴李岗文化有渊源，也有人认为豫西南的仰韶文化下王岗类型与裴李岗文化有渊源关系。

仰韶文化后岗类型与裴李岗文化有渊源，不少学者均有这种认识。

严文明先生在磁山遗址和裴李岗遗址发掘之后，认为这两个遗址的文化面貌基本相同，因而把这两个遗址的文化遗存作为一种独立的考古学文化命名为"磁山文化"，同时又认为仰韶文化后岗类型有不少与磁山文化相近或相似的因素。例如，两者的陶器都为手制，只是后岗类型的不少器物经过慢轮修整。都以红陶为主，但后岗类型的颜色纯正。都有圜底钵和平底钵，但后岗类型往往烧成了红边灰腹，而磁山文化未见这种做法。磁山文化有侈口夹砂罐，后岗类型更多，只是前者多素面而后者往往在上腹饰以多道弦纹。磁山文化有小口双耳壶，后岗类型也有这种壶，而且形制上更接近于裴李岗的某些壶。磁山文化有圜底鼎，后岗类型更多，只是器身由钵形变为盆形，鼎足由短变长，由圆锥形变为圆柱形。磁山文化有乳丁纹，后岗类型有更加高起的鹰嘴状突纽；磁山文化有划纹、锥刺纹和指甲纹，后岗类型也有这些纹饰。

两者的石器也有相近之处。从类别上说，两者都有较多的石斧、石铲和石刀，也都有无足的石磨盘和磨棒，只是后岗类型的石铲较大，石刀以两侧带缺口的为主，而磁山文化的石刀是镰形的。

根据两者的陶器、石器有相同或相似的特征，严文明先生认为，后岗类型是在继承了磁山文化的许多因素的基础上发展起来的[6]。

　　许顺湛先生亦认为，"后岗类型仰韶文化与裴李岗文化的关系十分密切，虽然年代距离较远，但其渊源于裴李岗文化和磁山文化还是比较清楚的"。他指出："仰韶文化的后岗类型，陶器纹饰有锥刺纹、乳丁纹、划纹、附加堆纹和指甲纹，与裴李岗和磁山文化比较接近。后岗类型中发现有无足的石磨盘和石磨棒。在后岗出土的陶钵（H2∶1、H8∶3、H2∶4）、下潘汪的Ⅱ式钵（T31④∶17）与裴李岗的（A区M23）和磁山的钵（T8②H22∶142），下潘汪Ⅰ式钵（G129∶5）与磁山Ⅰ式盘（T11②H63∶335），武安赵窑的陶碗（H4∶1）与磁山Ⅲ式碗（T3②∶542）等基本上都是相同的。下潘汪出土的盂（T33④∶25）与磁山Ⅳ式盂（T18②∶207）和Ⅲ式碗（T13②H29∶227）也相似，武安赵窑的深腹罐（T22②∶14B）、下潘汪Ⅱ式罐（T45④∶25），与裴李岗Ⅲ式罐（M33）和磁山Ⅰ式罐（T23②∶461）近似。武安赵窑的小口双耳罐（T22②∶14A）与磁山Ⅲ式小口双耳罐（T25∶②∶428）基本相同。特别是下潘汪的Ⅲ式壶（T48④∶4）和界段营的壶（H50∶1）与裴李岗的Ⅰ式小口双耳球形壶几乎完全一样。后岗发现的罐形和钵形鼎不仅与裴李岗的同类型近似，而且出土数量也较多，承袭了裴李岗文化盛行三足器的传统。"[7]

　　张忠培先生亦同样肯定裴李岗文化与后岗类型仰韶文化有密切的渊源。他说："磁山文化、裴李岗文化的后裔则当是后岗类型。例如后岗类型的罐形鼎、小口壶、敛口浅腹的钵碗、短唇微外侈的罐，以及素面陶在陶器中占绝大多数的现象，当是从磁山文化，尤其是从裴李岗文化那里继承下来的。"[8]

　　有的学者提出淅川下王岗类型仰韶文化与裴李岗文化有渊源关系，这种观点认为裴李岗文化与下王岗仰韶一期文化面貌有些相似，"下王岗仰韶一期文化的半地穴式房屋与裴李岗文化的半地穴式房屋建筑，不仅建筑方法相同，大小也相一致，门道的方向、宽窄也相仿，两者间是有承袭关系的，只是下王岗一期文化有新的发展"。"下王岗一期的灰坑形状结构，都与裴李岗文化的灰坑基本相同，不同的是下王岗一期灰坑更规整，圆形坑增多，不规则形坑少，而且多大而深"。"下王岗一期文化墓葬和裴李岗文化墓葬的墓圹结构、埋葬习俗，随葬罐、鼎、壶、钵陶器组合，也是基本相同的"。

　　"下王岗一期的石器种类和形制与裴李岗文化的石器也基本相似。如下王岗一期的扁圆体弧刃石斧（T5：392）、梯形石斧（H214：3）、长条形弧刃石斧（T5：320）、石镰（T7：136）等，分别与莪沟北岗的Ⅰ式石斧（M8：2）、Ⅱ式石斧（M14：15）、Ⅲ式石斧（M46：1）、裴李岗Ⅲ式石铲（M58：2）、Ⅴ式石铲（M102：1）和莪沟的Ⅱ式石镰（M14：5）基本相同。而且下王岗一期也出现有和裴李岗文化相似的打制小石器"。

　　"下王岗一期文化的陶器与裴李岗文化陶器特征也相似。下王岗一期的陶器以泥质红陶为多占48.1%，夹砂棕陶次之占23.43%，泥质黑陶占22.99%，泥质灰陶、夹砂灰陶、夹砂白灰陶很少，分别占2.55%、1.77%和1.17%。裴李岗文化的陶质也以泥质红陶为主，夹砂棕陶次之，泥质和夹砂灰陶很少。据莪沟出土的陶器统计，泥质红陶占69.85%，夹砂灰陶占27.65%，泥质灰陶仅占2.51%，两者的陶器都以素面为主，有相同的乳丁纹、指甲纹、划纹、绳纹。下王岗一期的夹砂棕陶侈沿深腹罐（T12残片）、折沿平底罐（M91：1）、大口罐（M6：2）、夹砂棕陶圆锥足罐形鼎（M57：1）、敞口黑陶圈底钵（T5：313）、红陶钵（T2：18）、平底碗（T13：288）、小口细颈壶（T6∶26）、大口盆（T15∶342）、直口杯（T14∶299）等，分别与裴李岗Ⅱ式罐（M73∶3）、莪沟北岗大口罐（F3∶1）、裴李岗Ⅰ式鼎（M14）、圜底钵（M23）、莪沟北岗Ⅰ式壶（H22∶1）、大口盆（M24∶1）、直筒杯（H13∶3）等器形基本相同"。

对下王岗一期仰韶文化和裴李岗文化的房屋建筑、灰坑、墓葬的葬式和石器、陶器进行比较后，该学者认为"两种文化的关系十分密切。反映出下王岗仰韶一期文化渊源于裴李岗文化"[9]。

后岗类型和下王岗类型仰韶文化与裴李岗文化确实存在某些相同或相似的文化因素和特征，因此彼此当有一定的渊源关系。但是，分布在河洛地区的仰韶文化即王湾或大河村类型文化与仰韶文化的渊源关系亦是不能忽视的。我们认为，大河村类型仰韶文化与裴李岗文化似有更直接的渊源关系。

从地层关系来看，叠压在裴李岗文化层之上的仰韶文化，基本上都是属王湾或大河村类型文化。例如汝州中山寨遗址发现裴李岗文化层上叠压的仰韶文化层，即属于大河村类型仰韶文化。在该遗址内含的仰韶文化共分五期：第一期是裴李岗文化；第二期属仰韶文化庙底沟类型；第三期亦属庙底沟类型，第四期属仰韶文化秦王寨类型；第五期文化特征被认为与大河村类型近似或相同。实际上，中山寨第二期至第五期的仰韶文化与郑州大河村一至四期仰韶文化特征和作风相似，由此说明中山寨遗址的地层应该是仰韶文化大河村类型与裴李岗文化相叠的地层。

长葛石固遗址发现的地层，亦是仰韶文化大河村类型与裴李岗文化相叠的地层。该遗址仰韶文化层中出土的罐形瓦足鼎、釜形折腹鼎、罐等器物的形制和彩陶花纹中的圆点钩叶及六角星纹的作风,都与郑州大河村仰韶文化的同类器形和花纹作风相同。尤其是石固遗址发现的裴李岗文化还包括早晚期遗存,而该遗址的文化共分八期,其中裴李岗文化有四期,仰韶文化亦有四期。这八期文化基本是一脉相承。

以上两个典型的地层关系说明,裴李岗文化的发展最直接的继承者应该是仰韶文化大河村类型。

(三)裴李岗文化与黄淮下游新石器文化的渊源

裴李岗文化的后续文化是仰韶文化,但对黄淮下游地区的新石器文化亦有影响。有不少学者就认为,在黄淮下游的苏北和鲁南地区发现的距今约五千多年的青莲岗文化或大汶口早期文化,与裴李岗文化就有渊源关系。

严文明先生认为,"青莲岗文化的某些因素,显然还是与磁山文化有关。例如在磁山文化中数量较多的陶支座,在青莲岗文化的遗址中也能见到;青莲岗文化中有许多钵形鼎,其形制与磁山的钵形鼎非常接近;有些腹部较深的鼎则与裴李岗 M5:4 号鼎相近。鼎这种器物,在仰韶文化中是很少见的,后岗类型较多一些,但发展到后来的大司空村类型又极罕见了。惟有东方的青莲岗文化及其以后的大汶口文化,却一直保持用鼎的习惯"。"仰韶文化中也很少有豆,后岗类型中至今只发现个别豆的残片,而青莲岗文化中有较多的豆,看来磁山文化的这一因素主要也是由青莲岗文化继承下来的。青莲岗文化中的圜底钵和小口双耳壶,也很接近于磁山文化的同类器物"。然而,他虽认为青莲岗文化与裴李岗文化有渊源,但并不因此而把青莲岗文化视为裴李岗文化的后裔，而认为"青莲岗文化的其它因素，可能还另有来源，磁山文化只是其文化渊源之一"[10]。

许顺湛先生亦认为大汶口文化与裴李岗文化有渊源。他说："裴李岗文化与大汶口文化虽然年代距离较大，文化面貌也有很大的差距，但它们之间还是存在着密切关系。在大汶口文化中能够看到裴李岗文化的影响，在大汶口文化中能够找到某些器物的渊源。例如大汶口文化的陶器纹饰，虽然较裴李岗文化的种类多得多，但是其中也发现有划纹、附加堆纹、指甲纹、篦纹、编织纹和点状压印纹，基本上是承袭了裴李岗文化的陶器纹饰。裴李岗文化的圜底钵、平底钵、小口双耳壶、钵形鼎（三足钵）、罐形鼎各种典型器物，在大汶口文化各处遗址中都能找到它的同类器。如大墩子的Ⅱ式罐（大M30：4、大M17：4）虽然无耳，但其形状则近似裴李岗和莪沟的陶壶；陶钵（大M30：10）和西夏侯的陶盆（T1②：3）、刘林的小口双耳Ⅴ式罐与裴李岗文化中小口平底双耳壶基本一样；西夏侯的陶壶从裴李岗文化中也能找到它的祖型；刘林发现的带把碗，它的祖型就是裴李岗文化的陶勺（或称带把瓢）；景芝镇发现的圈足碗和假圈足碗，在裴李岗文化中能看到同类器；西夏侯发现一件非常特殊的器物，原报告称三足罐形甑（T2②：1），在裴李岗文化莪沟遗址中也发现了类似的残器。另外，裴李岗文化中的带肩石铲和磁山文化中的陶支架，在大汶口文化中也有发现。"[11]

在舞阳贾湖遗址发掘后，有人亦把贾湖遗址的裴李岗文化遗存与大汶口文化早期遗存进行了比较，认为两者具有不少相同或相似的因素。

在大墩子遗址和贾湖遗址都发现有铺垫居住面并经火烧的

居住遗迹，其上或周围有柱洞分布。窖穴都以椭圆形和圆形为主。

大汶口文化和贾湖裴李岗文化墓葬的葬式葬俗上亦有共性。两者随葬有大量制作精致的石器、骨器。墓内随葬有狗、猪牙、獐牙、鹿角等动物骨骼，亦有用龟甲及龟甲内装有石子随葬的现象，葬式上一次葬与二次葬的合葬、摆放式二次葬以及多人一次合葬的现象亦相似。

大汶口文化石制品磨制技术较为发达，有些器形如刘林遗址出土的穿孔石刀、小型石锛等器形与贾湖的同类器非常相似。

大汶口文化与贾湖裴李岗文化在制骨工艺上也相似。其骨锥、骨针、骨镞、骨凿等在原料、制作工艺和形状方面几乎一致，骨鱼镖也有相似之处。特别是穿孔牙饰和叉形骨器下部与贾湖所出几无二致。

大汶口文化和贾湖裴李岗文化的制陶工艺和器物组合亦相似。两者均以夹砂和泥质红陶为主，都有一定数量的夹蚌片、夹云母片陶系。常见纹饰有附加堆纹、戳刺纹等。器形都以鼎为主要炊器，壶为主要汲水器，主要器类都有鼎、钵、壶等，其中圆锥足鼎、小平底钵、敛口钵、带嘴壶、小口双耳罐（壶）、羊角状把陶罐等，都可在贾湖遗址找到祖型。特别是刘林 M83∶3 Ⅱ 式罐与贾湖 CⅢ 双耳罐，刘林 M209∶4 Ⅰ 式碗与贾湖 B 型敞口钵、M165∶3 Ⅱ 式钵与贾湖 A 型敛口钵，大墩子 M82∶10 Ⅲ 式钵与贾湖 B 型敛口钵均很相似。

根据大汶口文化早期与贾湖类型裴李岗文化中有不少相同或相似的因素，有学者因此推测"在贾湖文化晚期，因某种原因，其中一支沿淮河东下，进行同纬度迁徙，后与当地土著居民或后李—北辛文化传统融合后，又创造了大汶口文化的大墩子类型，或称青莲岗文化"[12]。

裴李岗文化与大汶口文化早期之间相同或相似的文化因素和特征，在贾湖遗址表现得更为突出。在贾湖发现的墓葬中有随葬獐牙、龟甲的现象，在大汶口文化早期墓中亦有这种葬俗，这种葬俗在其他新石器时代文化中是非常罕见的。由此说明，大汶口文化早期与裴李岗文化有渊源关系，尤其与贾湖类型文化的渊源关系更为密切。但这种渊源关系有可能是大汶口文化在发展过程中吸收了裴李岗文化的影响，大汶口文化并不是裴李岗文化发展的后续文化。

注　释

[1] 许顺湛《中原远古文化》第 60～61 页，河南人民出版社 1983 年版。

[2] 赵世纲《关于裴李岗文化若干问题的探讨》，《华夏考古》1987 年第 2 期。

[3] 陈旭《仰韶文化渊源探索》，《郑州大学学报》1978 年第 4 期。

[4] 中国社会科学院考古研究所河南一队《河南郏县水泉裴李岗文化遗址》，《考古学报》1995 年第 1 期。

[5] 安志敏《裴李岗·磁山和仰韶——试论中原新石器文化的渊源和发展》，《考古》1979 年第 4 期。

[6] 严文明《黄河流域新石器时代早期文化的新发现》，《考古》1979 年第 1 期。

[7] 许顺湛《试论裴李岗文化》，《河南文博通讯》1980 年第 1 期。

[8] 张忠培《关于老官台文化的几个问题》，《社会科学战贱》1981 年第 2 期。

[9] 杨肇清《试论淅川下王岗仰韶一期文化的渊源》，《论仰韶文化》，《中原文物》1986 年特刊。

[10] 同 [6]。

[11] 同 [7]。

[12] 河南省文物考古研究所《舞阳贾湖》（上卷）第 540～541 页，科学出版社 1999 年版。

七 裴李岗文化与磁山文化和老官台文化的关系

裴李岗文化、磁山文化和老官台文化，都是分布在中原地区的新石器时代早期的考古学文化。它们的文化年代都早于仰韶文化，距今都在七千年以上，其中裴李岗文化的年代较早，老官台文化的年代最晚。这三种文化的分布地域有所不同，文化面貌亦有显著的区别，但彼此之间亦存在某些相同或相似的因素和特征，表现出一定的联系。

（一）裴李岗文化与磁山文化的关系

裴李岗文化和磁山文化的分布地域毗邻，前者分布在河南境内，后者则分布在河北南部地区。两者的文化面貌既有区别，又有些接近，两者内含的文化因素和特征既有较大的区别，亦有不少相同或相似的因素和特征，这种现象表现出两者之间有比较密切的关系。对于裴李岗文化与磁山文化之间关系的探讨，主要涉及文化关系和年代关系两方面的问题。

1. 磁山文化的基本内涵和特征

磁山文化是 1976 年在河北武安县磁山遗址的发掘中首次发现的。这类文化主要分布在河北南部地区，已发现的遗址还不多，除磁山遗址外，还发现有几处遗址，其中有武安的南岗和西万年遗址，还有保定容城上坡、安新梁庄、易县北福地等遗址。其中磁山遗址的发掘面积比较大，内涵比较丰富，文化面貌比较鲜明。

磁山遗址是 1972 年发现的，1976 年开始发掘，至 1978 年结束，发掘面积达 2579 平方米。该遗址位于磁山村南约 1 公里的台地上，北靠磁山铁矿，南临洺河，台地高出河床约 25 米。当时的发掘分三个发掘区，各区的文化堆积有厚薄的不同，其中第 I 区的文化堆积层较厚，发现的遗迹和遗物较多，第 II 区的多数探方则无文化层，但发现大批灰坑，亦有部分遗物出土，第 III 区的文化堆积层亦不厚，发现了一些灰坑和遗物，尤其是有成组的石磨盘出土。

该遗址的文化堆积，据第 I 区发掘的地层分三层。第一层是表土层，表土层下即为文化层。文化层分上下两层：上层厚约 0.8 米，内含有较多的遗物，包括石器、陶器和骨器；下层堆积很薄，内含遗物较少。这两层堆积大致代表磁山遗址内含的文化遗存，年代有早晚两期之分。

在 1976～1978 年的发掘中，发现的遗迹有房基、土沟和灰坑。其中房基发现 2 座，还有烧土面和鹅卵石铺面遗迹，土沟发现 3 条，灰坑发现 474 个。房基和烧土面及鹅卵石铺面均发现于上层，灰坑则上下两层都有发现，下层发现的灰坑有 186 个，上层的灰坑则有 282 个。获得的遗物比较丰富，有相当数量的石器、陶器和部分骨器、牙器及蚌器，还有不少的动物遗骨和一些果核，并发现有大量腐朽的粮食堆积[1]。

磁山遗址发现的房基均为半地穴式建筑。基址的形状有圆形和椭圆形两种，面积很小，结构简单。其中 F1 房基为圆形，形状不甚规整，直径为 2.9 米，深 1.1 米。有台阶二级。坑壁未经修整。房基外缘有等距的柱洞 4 个。居住面为原生地面，周边较高，中部低洼，中央有一大石块。房基内堆积含有

比较丰富的遗物，有陶片、骨器、石器及兽骨、鱼骨等。F2
为椭圆形，长径 3 米，短径 2 米，深 1.2 米。周壁发现柱洞 8
个，间距 0.6～0.7 米。地面亦为原生地面，东高西低。

烧土面发现一处，编号为 F5。面积约 1.5 平方米，厚约
10 厘米。烧土中含有杂草痕迹，在相邻的探方内还出土芦苇、
荆笆和草拌泥烧土块。鹅卵石面亦发现一处，系用大小不一的
鹅卵石铺成，平面呈"S"形，宽 1.1～1.5 米。这些遗迹估计
亦是建筑遗迹。灰坑形状有长方形、圆形、椭圆形和不规则形
四种，以长方形坑最多。坑口大小和深浅不等。坑口小者直径
约 1 米，大者直径有 3 米，坑浅者深 0.5 米左右，一般深 1～
3 米，最深的达 6 米。

长方形坑共发现 345 个，多为圆角长方形。坑口长一般有
1 米多，宽不足 1 米，深多在 1～2 米之间，一般为 2～4 米，
最深的达 6 米。坑壁垂直。约有 80 个坑的底部有腐朽的粮食
堆积，有的坑内在粮食堆积层下还发现猪骨架和狗骨架，其中
有几个坑发现埋有猪骨架 1 具或 2 具，个别坑埋狗骨架 1 具。
因此这类坑被认为可能是窖穴。

圆形坑和椭圆形坑直径一般在 1～3 米左右，深 0.5～1.5
米左右。这类坑的堆积中一般都包含有红烧土块和陶器、石
器、骨器。不规则形坑的坑口直径亦为 1～3 米之间，深多在
1 米以下，少数 1 米以上，内含遗物亦有一些陶器、石器。

磁山遗址出土的石器有打制、打磨兼制和磨制三类。其中
打制石器所占比例不小，打磨兼制所占比例较小，磨制石器所
占比例大。打制石器既有敲砸器和刮削器，亦有斧、铲、刀
等，前者少，后者多。打磨兼制和磨制石器种类则有斧、铲、
镰、锛、凿、磨盘和磨棒等。所谓打磨兼制，只是局部磨光，

多保留有打制痕迹，磨制石器则基本上都是通体磨光。各类器物中以石斧的数量最多，其次为石磨盘。

早、晚期的石器，打制和磨制所占的比例有一些差别。其中打制石器早、晚期占出土石器总数的比例为 34.2% 和 21.8%。早期的打制石器种类有斧、铲和一些敲砸器、刮削器。晚期的打制石器有斧、铲、刀，不见敲砸器和刮削器。

各类石器都有不同的形式，其基本形制是：石斧一般体较大、较长而厚重，上窄下宽，断面呈椭圆形，弧形双面刃；石铲体扁薄，面宽大，弧形窄顶，刃部较宽，双面刃，有舌状刃，亦有圆弧刃，还有有肩石铲；石镰前端窄呈尖状，后端宽，拱背平刃；石锛体较小，呈梯形，横断面呈长方形，两面较平，单面刃；石凿呈柱状，中部粗，两端较细，圆弧刃；石磨盘体大而厚重，形式有四种，一种平面近似鞋底形，一端圆弧，一端尖，底部有对称的四足，足呈四棱形或圆柱形矮足；一种平面近长方形，一端较宽，底有四个较粗大的孔突状足；另一种平面似鱼形，底有三个乳突足，还有一种是无足磨盘，体窄长。

磁山的石器特点主要有三点：一是打制石器占有较大比例，而这些打制石器主要是斧、铲之类工具，敲砸器和刮削器则很少；二是磨制石器的加工比较粗糙，有不少只经过局部磨制，如石斧有的只在刃部磨制，上部未经磨制，所谓打磨兼制的石器即属此类，多数则通体磨光，但加工亦不十分精细；三是某些器物的形制亦有其自身的特点，如尖头四棱形足和无足尖头磨盘就很有特色。

磁山的陶器以夹砂红陶为主，其次为夹砂褐陶，亦有一些泥质红陶和夹砂灰陶。制法均为手制，或用手捏塑，或采用泥条盘筑法制成。多数器物素面无纹，少数器物有纹饰，主要有绳纹、编织纹、篦纹、附加堆纹、剔刺纹、划纹、乳丁纹和指甲纹等，以绳纹为主，其次为编织纹和篦纹，还见有篮纹和方格纹。器物种类有盂、支架、罐、钵、碗、壶、杯、器盖几种，以盂和支架的出土数量最多。各类器物都有不同的形式，但变化不大，其中盂的基本形制为直口深腹，腹壁平直，大平底，体有大小，腹有深浅。支架的形制似倒置的靴形。罐的形制变化较大，有大口深腹小平底双耳罐、直口浅腹双耳罐、侈口筒状深腹罐和圈足深腹罐等。

钵有浅腹或深腹圜底三足和浅腹圜底或敛口平底等形式。碗有平底和假圈足等形式。壶的基本形制为小口长颈，鼓腹平底双耳。这些器物群中，出土数量最多和形制上较具特点的是陶盂、陶支架。圈足罐亦有特色。

早、晚期的陶器稍有变化。早期陶器中，夹砂陶占90%以上，其中以夹砂褐陶最多，占50%以上，泥质红陶很少，占的比例不足10%。制作比较粗糙，器壁往往凹凸不平，器形不规整，常见歪扭变形的现象。器物种类较少，主要有盂、支架、罐、钵、碗、杯等，器形亦比较简单。晚期陶器仍以夹砂陶为主，但只占80%左右，且以夹砂红陶最多，有一些夹砂灰陶。器物的制作比较精细，器形规整，胎壁厚薄均匀。纹饰上出现篮纹和方格纹。器物种类上出现小口长颈双耳壶和器盖等，形式变化多一些。在早晚期的同类器物中，形式亦有一定变化，如陶盂的形制，早期的器体有的较小，腹较深，支架的形制亦有变化。晚期的罐则出现圈足罐。

磁山遗址出土的骨器不少。器类有铲、凿、刀、镞、鱼镖、网梭、梭针、锥、针、匕箸等，包括农业、手工业和渔猎工具，以镞、笄的数量最多。

动物遗骨及植物遗存亦不少。其中动物遗骨有鼠、兔、猕猴、狗獾、花面狸、金钱豹、獐犬、鹿、麂、野猪、家猪、家鸡、雁、鳖、鱼、蚌等 23 种，其中家畜有犬、猪、鸡 3 种，其余均为野生动物，以鹿最多。植物遗存有谷物、榛子、胡桃、小叶朴等。其中粮食遗存发现相当多，有 80 个窖穴内发现有粮食堆积，一般堆积厚 0.2～2 米，有 10 个窖穴内堆积在 2 米以上。据出土的标本作灰像分析，发现有粟的痕迹。大量粮食遗存的发现，是磁山遗址最重要的发现。

在磁山遗址出土的遗物中，有不少是成组出土的。在三个发掘区内都发现石磨盘、磨棒和陶盂、支架等成组器物的出土点，共有 45 处，均发现于晚期文化层中。主要由石磨盘、磨棒、斧、铲和陶盂、支架、三足器等组成，但在圈足罐的组合中则不见陶盂和支架。有的组合中还有小口双耳壶和深腹罐等。器物组合点的分布比较集中，多者十几组，少者三五组，很少有单组的。其中分布最密的是 T110，在 18 平方米内即有 10 组。

这些器物组合点内未发现有人骨、牙齿等与墓葬有关的任何迹象，因此这些器物组合点被认为可能是粮食加工的劳动场所。

不过，从这些器物组合点内的器物组合看来，虽以石磨盘、石磨棒为主，但还有石铲之类器物，亦有陶器。这种器物组合很像是墓葬内随葬的器物组合，因此，这些器物组合点亦不能排除是墓葬的可能。

磁山遗址的文化年代，据出土的木炭标本经中国社会科学院考古研究所碳－14 实验室进行测定，距今为 7335±100 年和 7235±105 年。根据这一年代，考古学界把磁山文化定为新石器时代早期。

2. 磁山文化与裴李岗文化面貌特征的同异

根据磁山遗址发现的遗存来看，磁山文化面貌特征与裴李岗文化比较接近，两者之间有某些相同或相似的因素，但亦有明显的差异。两者之间相同或相似的因素，主要表现在遗址的文化堆积和内涵，房屋建筑的形式、结构，灰坑的形状与面积，石器、陶器与骨器特征等方面。

磁山遗址和裴李岗文化遗址的文化堆积层都不厚，内涵亦相似。磁山遗址的文化堆积厚 1 米多，有上下两层之分，有房基、灰坑等遗迹，遗物主要有石器、陶器、骨牙器等。裴李岗文化遗址的文化堆积多数亦在 1 米上下，亦有上下层之分，亦有房基、灰坑遗迹，遗物主要是石器、陶器和部分骨器。两者的文化堆积和内涵相似。

两者的房屋建筑方式、结构亦基本相同。磁山遗址发现的房基为半地穴式建筑基址，形状有圆形和椭圆形，面积很小，只有几平方米，房基地面未经铺垫，为原生地面，房基内发现的柱洞都未垫有柱础石，房基内有台阶式门道。裴李岗文化遗址发现的房基亦是半地穴式基址，形状也是圆形或椭圆形，面积多数亦只有几平方米，房基地面未作铺垫，也是原生地面，房基内发现的柱洞也未垫有柱础石，房基内也有台阶式门道。

两者灰坑形状、大小和深浅亦相似。磁山的灰坑形状有长方形、圆形、椭圆形和不规则形四种，多数坑小而浅，直径在 1 米上下，深亦在 1 米上下，少数坑则较大较深。裴李岗文化的灰坑亦有圆形、椭圆形、长方形和不规则四种形式，多数坑亦小而浅，直径和深亦在 1 米上下，亦有少数较大较深的坑。

磁山文化和裴李岗文化的石器亦有相同或相似之处。两者的石器都有打制和磨制两种。磨制石器的种类都有斧、铲、镰、刀、锛、凿、磨盘和磨棒之类农业和手工业工具。有些器物的形制亦接近，如两者的石斧都顶窄而刃宽，体大而厚重。石铲亦都有长条形两端圆弧刃，亦有舌刃铲和有肩石铲。石镰均作拱背，弯月形。石磨盘都有鞋底形，还有长方形两端圆弧、底有四条圆柱形短足的器形。

两者的陶器也有某些相似。都以红陶和红褐陶为主，亦有一些灰陶。制法均为手制，或用手捏塑而成，或用泥条盘筑法做成。制作技术工艺比较粗糙，有的器物胎壁厚薄不均，器形不甚规整，火候亦比较低。器物种类都有罐、壶、钵、碗，有些器物的形制亦相似，如两者都有侈口深腹罐、小口双耳壶、三足钵、直口圜底钵、敛口平底钵、平底和假圈足碗。纹饰亦都有篦纹、乳丁纹、指甲纹、划纹和绳纹。

两者的骨器亦都有镞、鱼镖、锥、凿、针、匕、笄等工具和生活用具。有的器形亦相似。

磁山文化和裴李岗文化某些因素和特征的共性，说明两者的文化面貌比较接近。但是，两者之间的文化因素和特征存在的共性是次要的，两者之间的差异则是主要的。这种差异，主要在遗址的面积以及灰坑和遗物特征上表现明显。

磁山和裴李岗文化的聚落遗址，面积大小差距比较大。磁山遗址的面积约 8 万平方米，而裴李岗文化的聚落遗址面积一般只有 1～3 万平方米，最大的也只有 5 万多平方米。尤其是裴李岗文化的聚落遗址一般都包括墓地，而磁山遗址则未发现有墓地。

磁山文化和裴李岗文化的灰坑的形状、大小和深浅虽有相似之处，但亦有显著的差别。磁山的长方形坑数量很多，圆形坑和椭圆形坑少，而裴李岗文化的长方形坑则很少，以圆形和椭圆形坑为主，磁山的大而深的坑较多，裴李岗文化的大而深的坑则较少。坑内堆积亦有所不同。磁山的长方形坑，有不少坑的底部有腐朽的粮食堆积，有的坑内还堆有完整的猪骨架，这种堆积在裴李岗文化的灰坑内都未见。

磁山文化和裴李岗文化的遗物特征亦有较大的差异。这种差异在石器和陶器上表现得最为明显。

两者的石器差异，主要是打制石器的数量和种类不同。磁山的打制石器多，约占出土石器总数的 30％左右，而且主要是打制的石斧、石铲和石刀之类工具，砍砸器和刮削器很少，细石片则未见。裴李岗文化的打制石器则很少，约占出土石器总数的 5％以下，而且多是细石片，只有个别遗址出有石核和较大的石器，包括砍砸器和刮削器。在个别遗址亦出土打制的石铲，但只是未经加工磨制的半成品。

其次是两者的磨制石器亦有所不同。磁山的磨制石器加工粗糙，有不少只经过局部磨制，通体磨制的也不精细，裴李岗文化的磨制石器均通体磨光，而且磨制精细。器物的形制则各具特色，如磁山的石镰加工粗糙，镰面保留有打制痕迹，刃部则为平刃，未加工有齿刃，石磨盘多数是尖头，底部有棱形四足或圆柱形四短足，亦有三足或无足，器形并不规范。裴李岗文化的石镰不仅磨制精细，而且刃部都加工有细密的三角形齿刃，石磨盘则都是圆头四足，盘足都是圆柱形短足，形制比较规范。

两者的陶器特征亦各有自己的特点。磁山的陶器以夹砂陶最多，泥质陶很少，夹砂陶约占 80％，泥质陶只占 20％左右，

裴李岗文化的陶器则泥质陶稍多，夹砂陶稍少，各占的比例差
别不大。器物种类中，磁山的炊具有盂、支架和罐，饮食器有
壶、钵、碗，裴李岗文化的炊器有鼎、罐，饮食器有壶、钵、
碗、盆、勺、杯和器盖。在两者都有的同类器物中，形制亦有
所不同，磁山的罐有侈口深腹罐和圈足罐，最有代表性的器形
是圈足罐，裴李岗文化的罐则形式多样，既有侈口深腹罐、筒
状乳丁纹罐，亦有大口小平底罐、角把罐、双耳罐，最有代表
性的器形是侈口深腹罐和角把罐。磁山的小口双耳壶出土数量
少，形制为长颈、鼓腹平底，裴李岗文化的小口双耳壶出土数
量多，形式多样，有小口短颈双耳圆球形和椭圆形腹圜底壶，
亦有平底壶、假圈足壶、尖底壶和三足壶，还有小口长颈折肩
壶、短颈扁腹壶和大口双耳壶等。磁山的三足钵出土数量少，
而且三足基本上都是短尖锥足，裴李岗文化的三足钵则出土数
量多，既有短锥状足，亦有高足，有的三足钵内的底部还钻有
小孔。两者的直口圜底钵和敛口平底钵的形制亦不完全相同。
此外，两者的纹饰亦有别，磁山陶器的纹饰以绳纹和编织纹为
主，篦纹为次，而裴李岗文化陶器纹饰基本上都是以篦纹为
主，绳纹只是在晚期出现并成为主要纹饰，编织纹则不见。

3. 裴李岗文化与磁山文化的关系

对于裴李岗文化与磁山文化之间的关系，考古学界有不同
的认识。最初，有的学者根据磁山和裴李岗遗址的文化遗存有
共同的因素和特征，文化面貌比较接近，因此把两者归属于同
一种文化，或者把两者归属于同一种文化而又区分为两种不同
的类型。其后，由于裴李岗文化的发掘资料日益丰富，对裴李
岗文化的认识更为深刻，认识到裴李岗文化与磁山文化的差异
较大，因此把裴李岗文化和磁山文化加以区别，定为两种不同

的文化。这样，对裴李岗文化与磁山文化的关系，就有一种文化两种类型的关系和两种文化的关系两种认识。

认为裴李岗文化和磁山文化是一种文化的学者，主要是通过对两者的陶器和石器特征进行具体的比较分析后得出的认识。

有的学者认为："裴李岗的器物特征与磁山大同小异，陶器的质地、火候、颜色和制法可说基本上与磁山相同，但器形比较简单，有圜底钵、圜底钵形鼎、小口双耳壶和夹砂罐四类，都是磁山遗址中比较普遍的器物，只是在形式上稍有差异。裴李岗也有磁山那样的乳丁纹、划纹、指甲纹和篦纹，包括连续折弧形和平行线形在内。……比较两地的石器，也可看出基本相同或相似的情况。石器制法几乎完全相同，都有舌形石铲、剖面椭圆形的石斧和鞋底形底面常有三、四个乳突状足的石磨盘等，但裴李岗的镰形石刀是磁山所不见的。"因此提出裴李岗和磁山遗址的文化遗存是"共同的时期，共同的地域和共同的文化面貌把它们联系在一起，应该划为一个考古学文化"[2]。

也有人通过对裴李岗和磁山遗物特征的比较后认为，"可以明显地看出两者之间有共同性，也有差异性，但共同性是主要的。共同性说明它们是同一种文化，差异性说明它们是不同时期的文化遗存"。因此认为"裴李岗和磁山遗址的遗存是属同一个文化的两个不同类型"，即"裴李岗类型和磁山类型"[3]。这两个类型大体上是把裴李岗类型视为早期类型，把磁山类型视为晚期类型。

按照上述观点，裴李岗和磁山遗址的新石器时代文化遗存，是属于同一种文化的关系或为同一种文化两种不同类型的关系，而不同的类型主要是年代早晚不同的问题。

随着发掘资料的不断丰富和研究的不断深入，现在，考古学界多认为裴李岗文化和磁山文化应该是两个不同的新石器时代早期文化。这样，裴李岗文化和磁山文化应该是两种不同文化的关系。裴李岗文化和磁山文化之所以被视作两种不同的新石器时代早期文化，主要在于两者的分布地域有所不同，文化面貌特征的差异亦比较大，两者各有自己的特色。裴李岗文化主要分布在河南省境内，磁山文化则主要分布在河北南部地区，两者的分布范围截然不同。

裴李岗文化和磁山文化的面貌特征差别亦比较突出，两者各有自己鲜明的特点，主要表现在石器和陶器上各有各的特点。

裴李岗文化石器的特点是：打制石器很少，而且主要是打制的细石片，亦有一些石核和较大的石片石器；磨制石器的加工制作非常精细，都是通体磨光，平整光滑，器形比较规整，有的器物形制亦比较规范；最具有特色的器物有两端磨刃的长条形石铲，带齿刃的弯月形石镰，鞋底形或长方形两端圆弧和底部都有四条对称的圆柱形短足石磨盘。这三种器物是裴李岗文化中最具有代表性的典型器，在其他新石器文化中不见，而在磁山文化中也只见有一些类似的器形，其形制与裴李岗文化的典型器亦不相同。

磁山文化石器的特点是：它有较多的打制石器，而且主要是石斧、石铲和石刀之类工具，细石片则未见；磨制石器的加工制作粗糙，有少数只经过局部磨光，通体磨光者亦磨制不精细，器形有的并不规整，形制亦不规范；最具有特色的器物是打磨兼制且未加工有齿刃的石镰和尖头棱形或四足或三足或无足的石磨盘，这两种器物在其他新石器文化中未见，是磁山文化石器中具有代表性的典型器物。其中尖头无足的石磨盘在裴李岗文化中有发现，但不具有代表性。

裴李岗文化陶器的特点是：以红陶和红褐陶为主，亦有少量的灰陶和黑陶；质量低，陶质松软，火候不高，有的陶片手捏即碎；器物群中代表性的典型器物有鼎、深腹罐、小口双耳壶、三足钵和瓢形勺等。其中鼎的形制有乳丁纹鼎、罐形深腹高足鼎、浅腹盆形鼎等，罐有乳丁纹筒状深腹罐、侈口深腹罐、大口平底深腹罐、角把罐等，小口双耳壶则有短颈小口圆腹或椭圆腹壶、圜底壶、平底壶、尖底壶、假圈足壶和三足壶，还有长颈小口双耳折肩壶、短颈大口双耳壶等，另外三足钵、瓢形勺都是很有特色的器物。纹饰则以篦纹包括折线"之"字形和直线篦纹最具特点，是裴李岗文化陶器的主要纹饰。

磁山文化陶器的主要特点是：夹砂陶多，泥质陶少，前者占80%，后者只占20%，亦有一些灰陶，但没有黑陶；制作技术工艺比较粗糙，质量亦不高，器物种类少，形制亦比较简单；器物中具有代表性的典型器物主要是直口直壁大平底的盂、靴形支架、深腹罐和圈足罐等，亦有小口双耳壶和三足钵之类较具特征的器物，尤其是盂、支架和圈足罐最具特色，在其他新石器文化中都不见；纹饰则以绳纹和编织纹具有代表性，是磁山文化陶器纹饰最具特色的纹饰，篦纹亦比较有特点。

由于裴李岗文化和磁山文化的石器和陶器各自有其鲜明的特点，而且两者的地域亦有所不同，因此考古学界普遍把它们作为两种独立的考古学文化看待。所以，裴李岗文化和磁山文化的关系应当是两种不同文化之间的关系。

此外，这两种文化之间，还有一个年代关系问题，这就是这两种文化究竟是平行发展还是两者的年代有早晚的不同？据^{14}C测定的年代数据看来，裴李岗文化的年代较早，磁山文化的年代较晚，前者^{14}C测定的年代数据最早的距今为 7885±480 年，后者的年代数据最早的距今 7335±105 年，后者的年代大致相当于前者的晚期。

从文化发展水平来看，磁山文化的发展水平亦比裴李岗文化早期的发展水平高。这主要表现在磁山文化的聚落遗址比裴李岗文化早期遗址的面积大，内涵亦比较丰富。前者的聚落遗址面积有 8 万平方米，文化遗存比较丰富，尤其是有大批灰坑发现，出土的石器、陶器、骨器等遗物比较多，并且有大量腐朽粮食发现。后者的遗址面积一般只有 1~3 万平方米，文化遗存并不丰富，房基和灰坑的发现都少，出土的石器、陶器和骨器亦不多。裴李岗文化的遗物主要是墓葬内的随葬品，聚落遗址内发现的遗物很少，而磁山遗址的遗物则都是在聚落遗址内出土的。因此，据^{14}C测定磁山文化比裴李岗文化年代晚，而文化发展水平则比裴李岗文化的水平高。

裴李岗文化和磁山文化是两种不同文化的关系，而且前者的年代早，后者的年代晚，因此，裴李岗文化与磁山文化存在的某些共同的文化因素和相似的文化特征，很可能是两者之间在文化上有某种联系与交流，因而互相产生影响的结果。

磁山文化中存在着较多的裴李岗文化因素，主要表现在有一些与裴李岗文化相同或相似的石器和陶器，还有相同的纹饰。例如，磁山的石器中，有长方形两端圆弧、底部是四条对称的圆柱形足的石磨盘。陶器中亦有侈口深腹罐、小口双耳壶和三足钵，这些器物就与裴李岗文化同类器的形制相似。陶器纹饰亦有篦纹，这与裴李岗文化的篦纹亦相同。但是，这类石磨盘和侈口深腹罐、小口双耳壶及三足钵等器物在磁山出土少，尤其是小口双耳壶在磁山下层未见，上层才出现，因此它并不是磁山文化的主要因素，篦纹亦不是主要纹饰，磁山文化陶器的主要纹饰是绳纹和编织纹。而在裴李岗文化中，这些器物的出土数量很多，是有代表性的典型器物，篦纹亦是主要纹饰，因此，磁山文化中存在的裴李岗文化因素和特征应该是受裴李岗文化的影响而产生的。

至于裴李岗文化中存在的磁山文化因素和特征则不多。在裴李岗文化中亦发现一些尖头无足的石磨盘，其形制与磁山的同类器相似。尤其是在豫北淇县花窝遗址发现的裴李岗遗存中亦出现有与磁山类似的陶盂，这说明裴李岗文化中亦有磁山因素的存在，它亦有可能是受磁山文化的影响而产生的。

综上所述，裴李岗文化与磁山文化的关系应该是两种文化之间的关系。在两者的年代关系上，则前者的年代较早，后者的年代较晚，彼此并不是平行发展的。在两者的发展过程中，由于地域相邻，因此在两者之间产生某些相同或相似的因素和特征。但这种交流与影响，以裴李岗文化对磁山文化的影响较大，磁山文化对裴李岗文化的影响则较小。

（二）裴李岗文化与老官台文化的关系

裴李岗文化与老官台文化各有自己的分布地域。前者主要分布在中原东部地区，后者则主要分布在中原的西部地区，两者并不相邻。这两种文化面貌差异较大，但亦有某些共同的因素和相似的文化特征，由此表现出两者之间亦有一定的关系。

这种关系既表现为年代早晚的不同，亦说明两者存在有某种联系。

1. 老官台文化的基本内涵和特征

老官台文化主要分布在陕西关中地区渭水流域及其支流地区。这一文化最初发现于华县老官台遗址，该遗址是 1955 年调查发现的，1959 年作了试掘。其后在华县元君庙遗址下层、宝鸡北首岭遗址下层和西乡县李家村遗址也发现这类文化遗存，因此一般把华县元君庙下层、宝鸡北首岭遗址下层和李家村遗址作为老官台文化遗存的代表。目前，老官台文化遗存在不少遗址中都有发现，除上述遗址外，在西安半坡、渭南北刘村、临潼白家村、长武下孟村、商县紫荆村、西乡二里桥、洋县土地庙和甘肃秦安大地湾遗址等都有发现，其分布范围大致在秦岭南北、渭河及汉水上游两岸。

老官台文化遗址的特点是面积小，文化内涵贫乏。这类文化遗址的面积一般在 2 万平方米左右，如李家村遗址的面积约 2.6 万平方米。在这类文化遗址中发现的文化遗存只有一些房基、灰坑或窖穴、墓葬和部分石器、陶器、骨器等遗物。各遗址发现的文化遗存尤其是陶器特征有一定的差别。

房基在李家村发现一处残迹，只发现三个柱洞和一个瓢形灶坑，整体形状不明。还发现一座陶窑址，平面呈瓢形，火膛、火道保存尚好，窑室和窑箅残缺[4]。

灰坑或窖穴在各遗址都有发现，数量都不多。老官台遗址在 1959 年的试掘中清理了两个灰坑，李家村遗址也发现了几个灰坑，秦安大地湾遗址也发现灰坑两个。李家村发现的灰坑形状有圆筒平底、袋状、椭圆形及不规则形坑。袋状坑中有的有两个旋转式台阶，可能是窖穴。在秦安大地湾发现的灰坑中，H363 为一不规则形坑，坑口东西长约 2 米，南北宽约 2.2 米，深 1.3 米，坑壁近于垂直，坑内堆积中含有较多的陶器、石片和骨渣，并夹有木炭和红烧土块。出土的陶片可以复原为陶器及完整的陶器达 24 件，石器有磨石、刮削器等，骨器有镞、凿和角锥，这是出土遗物最为丰富的灰坑。该坑出土的木炭标本，经北京大学历史系考古专业碳 - 14 实验室进行年代测定，距今为 7355±165 年（经树轮校正）[5]。

墓葬在大地湾下层和宝鸡北首岭下层有发现。在大地湾下层发现墓葬 11 座，都是长方形竖穴土坑，现存深度在 0.2～0.4 米之间，均挖在生土层中，没有发现葬具痕迹。墓坑方向有南北和东西向，均为单人仰身直肢葬。墓内有随葬品，主要是石器和陶器之类的生产工具和生活用具，装饰品很少。数量少者一二件，一般为三五件，多者有十几件，在个别墓中用猪下颌骨随葬。在北首岭下层发现墓葬 7 座，其中有一座是五人合葬墓，其余均为单人葬。墓内随葬品主要是陶器，或二三件，多者六件，有的墓内随葬有榧螺[6]。

石器有打制石器和磨制石器两种，以磨制为主，打制石器亦占有一定比例。打制石器种类有敲砸器、刮削器、尖状器和石片等。在李家村发现的打制石器，有的是从鹅卵石上打下的薄石片，一面保留有砾石面，一面为劈裂面，利用薄刃作刮削器或切割器。在大地湾下层出土的打制石器则不多，有敲砸器、刮削器和一些细石片，其中细石片均为燧石片，一面有刃。磨制石器种类有斧、铲、刀、锛、凿等，其中石斧的形制为横剖面呈扁圆形，石铲扁薄，有双弧刃和单弧刃，有的石铲还钻有孔，有圆肩平刃铲和窄肩宽刃铲。

陶器有夹砂陶和泥质陶，一般以红陶或红褐陶为主，陶色不纯正。手制，胎质松软，火候不高。器物种类少，器形简单，纹饰亦比较简单。但各遗址出土的陶器特征有明显的差别。

老官台遗址出土的陶器有夹砂陶和细泥陶，前者稍多。陶色有橘黄色和砖红色，内壁多呈灰色。手制，胎壁一般较薄。器形有筒状深腹罐、三足罐、圜底钵、小口球形壶、假圈足或圈足碗等。纹饰有绳纹、划纹、线纹、锥刺纹、附加堆纹等，以划纹和绳纹为主，亦有极少的红色宽带纹彩陶。

李家村遗址出土的陶器，亦有夹砂陶和泥质陶。陶色不纯正，有泥质内黑外红陶、夹砂灰白陶、泥质深灰陶、泥质红陶和夹砂红陶等。手制，器物种类少，器形亦简单，典型器物有圆足碗、三足钵、圜底钵、平底钵、折沿平底罐、深腹三足罐、直口平底双耳罐、小口折肩平底瓮等。纹饰有线纹、绳纹、附加堆纹、剔刺纹和布纹等，未见彩陶，以绳纹为主[7]。

北首岭下层的陶器则以泥红陶和夹砂红陶为主，陶色亦不纯正，往往夹杂着一块块灰褐色，或表红里灰，亦有一些灰陶。器物种类少，陶胎较薄，主要有鼎、三足罐、圈足罐、小口罐、平底罐、碗、钵等。纹饰以细绳纹为主，还有戳刺纹、压划纹和附加堆纹等，其中压划纹的纹样有水波、曲折、横道等线条，附加堆纹的纹样有连续的半月形、圆圈、小点和泥钉等，并出现彩陶，或在碗、钵口沿绘一道红色彩带[8]。

秦安大地湾下层的陶器均为夹细砂陶，呈暗红色或砖红色，火候不均匀，表面陶色中夹有灰色或黑色斑块，往往还有内黑外红或两面红中间黑的现象。陶质较松，往往作片层状剥落。手制，器形有圜底钵、三足钵、筒状深腹罐、三足筒状深腹罐、圈足罐、圜底碗、球腹壶、杯等，并发现用陶片加工的纺轮。纹饰主要有绳纹，以网状交叉绳纹最普遍，亦有一些红色宽带彩陶[9]。

从上述几个典型遗址的试掘和发掘资料看来，老官台文化有其比较明显的特点。

一、遗址的面积小，内涵贫乏。已发现的遗址面积一般在2万平方米上下。内含的文化遗存不多，房基只在个别遗址内有残迹发现，灰坑一般只发现几个，体积亦不大，坑内堆积内含遗物不多，亦有个别灰坑内含遗物较多。墓葬发现亦不多，一般亦只有几座。

二、出土的遗物主要是石器和陶器，骨器少。石器中都有打制石器和磨制石器，以磨制石器为主。打制石器占有一定的比例，主要有敲砸器、刮削器和尖状器，有的遗址亦出土一些细石片。磨制石器的加工比较粗糙，有的保留有打制痕迹，器类主要有石斧、石铲、石刀、石镰和石凿之类的农业和手工业工具，有的出土磨石。

陶器以夹砂和泥质红陶为主，有的亦有一些灰陶。陶色多不纯正，或表面有灰斑，或外红内灰。陶质比较松软，器壁多比较薄，亦有壁厚的，火候都不高。器物种类少，形制亦比较简单，主要器物有罐、钵、碗、壶，有的还有杯。形式变化较多的是罐，有筒状深腹罐、鼓腹罐、折沿平底罐、直口平底双耳罐、三足罐和圈足罐等。钵均有直口圜底钵、三足钵，碗有平底碗和圈足碗。其中最有代表性的典型器物主要是三足罐、侈口筒状深腹罐、三足钵、小口短颈球腹壶和圈足碗。纹饰均以绳纹为主，其次为线纹、划纹和附加堆纹，并多有红色宽带纹彩陶出现。不过，各遗址出土的陶器特征并不完全相同，多少都有一定的差别。差别比较明显的是李家村出土的陶器，主要是三足罐和三足钵的器形与其他遗址出土的同类器有所不同，并出土折沿罐、大口小平底双耳罐等，这些器物在其他遗址则未见出土，而小口短颈球腹壶和宽带纹红色彩陶在李家村遗址则未见。

此外，在北首岭下层和大地湾下层发现的墓葬中，葬式葬俗亦有所不同。北首岭下层发现的 7 座墓中，以单人一次葬为主，但出现多人二次合葬墓，合葬人数有五人。随葬的器物主要是陶器之类的生活用具，少者一两件，多者只有五六件，并有用榧螺随葬的习俗。大地湾下层发现的 11 座墓中，都是单人一次葬，随葬品有石器和陶器之类的生产工具和生活用具，少者一件，多者达十余件，有的还用猪下颌骨随葬。因此两者的葬式葬俗有明显的差别。

有的学者对老官台文化各遗址出土陶器进行比较分析后认为，老官台和元君庙遗址的陶器特征比较一致。老官台和元君庙出土的陶器"均为手制，无任何轮制加工的痕迹，夹砂及细泥红陶约 2/3，细泥黑陶占 1/3，还有极少量的白陶。红陶中有相当数量的陶器的内壁或口沿以下的腹壁作灰色，细泥黑陶的表皮漆黑光亮。器形小，壁薄，器类少，造型单调，主要的器形是圜底钵形鼎、口沿不发达的直壁或腹壁微曲的罐、平底或饼形圈足的钵碗。纹饰有绳纹、线纹、划纹、乳头形或饼形的附加堆纹、刻齿纹、刻槽纹、锥刺纹、指印纹和彩绘。绳纹粗深，常见于鼎上，线纹清晰，只施于夹砂罐，彩绘极少，均作朱色带，划纹数量相当多，虽只用于夹砂陶器上，但它和刻齿纹在一起，是老官台、元君庙代表的纹饰"。

"北首岭的老官台文化遗存，没有圜底钵形鼎，代之而起的是鹅蛋形的罐式三足器，这里罐的口沿比较明显，同时缺乏口沿带倒钩的钵碗，出现了老官台、元君庙所没有的深腹钵。纹饰方面，北首岭没有划纹、粗深的绳纹和刻齿纹，锥刺纹却似乎较发达，且流行清晰、印痕较深的细绳纹（线纹）"。

"李家村的老官台文化陶器，更多地接近北首岭，但也存在一定的区别。这里器物口沿缺乏变化，多作直口，三足器的器身，或作直口直壁的缸形，或作敞口的钵形，除有极少量的圜底、平底外，多数的钵均为圈足或饼形圈足，尤以圈足为多，也有少量的凹底器。纹饰只有细绳纹和极少量的锥刺纹"[10]。

老官台文化各遗址间文化面貌特征的某些区别，究竟是因文化年代有所不同而出现的区别，抑或是地方性差异？没有人作过探究。比较大的可能应该是地方性的差异，这些有代表性的遗址分布的区域均有一定的距离。

2. 老官台文化的年代与文化命名

老官台文化的年代早于本地区分布的仰韶文化年代，具有新石器时代早期文化的特点。

老官台文化的年代早于仰韶文化年代，有地层根据。有不少遗址都发现半坡类型仰韶文化层叠压在老官台文化层之上的地层，其中在元君庙、北首岭、下孟村、紫荆村、何家湾和大地湾等遗址就发现仰韶文化半坡类型堆积叠压在老官台文化层之上的地层。

例如在宝鸡北首岭遗址中心区（即第Ⅲ区）发掘的地层共分5层：第1层为表土层；第2层为汉唐文化层；第3层和第4层为仰韶文化层；第5层出土的陶片有三足罐、圈足罐、小足罐、深腹罐等，与半坡类型陶器有别，属老官台文化层。

老官台文化遗址及其内涵亦具有年代较早的特点。这类文化遗址的面积小，内涵贫乏，出土的遗物并不丰富，一般只有少量石器、陶器，骨器更少。石器中有较多的打制石器。陶器的质量低，火候不高，均为手制，器物种类少，形制也比较简单，器形变化小，彩陶刚出现。如此等等都表现出其文化发展水平不高，具有年代较早的特点。

从 ^{14}C 测定的年代数据来看，老官台文化的年代亦早于仰韶文化半坡类型的年代。北首岭下层测定的年代距今为 6970 ± 145～7100 ± 140 年（树轮校正）[11]，大地湾下层灰坑 H363 出土的木炭标本 ^{14}C 测定的年代距今为 7355 ± 165 年（经树轮校正）[12]。这两个年代数据均早于半坡类型仰韶文化的年代。

对于老官台文化的时代问题，考古学界的认识并不一致。一般把它归属于新石器时代早期，亦有人把它归属于仰韶文化早期。前者主要根据老官台文化的年代早于半坡类型仰韶文化，而各遗址的面积小，内涵贫乏，遗物特征亦与裴李岗文化和磁山文化有些相似，因此把老官台文化定为新石器时代早期。后者主要根据是老官台文化与半坡类型仰韶文化因素和特征存在有共性，并且有延续关系，因此把老官台文化归属于仰韶文化早期。

老官台的文化遗存发现比较早，大约在 20 世纪 50 年代末 60 年代初即已发现。但是，这一文化的命名则比较晚，在 70 年代末才开始提出老官台文化的命名。

在老官台遗存尤其是元君庙和北首岭下层遗存发现之后，苏秉琦先生于 20 世纪 60 年代中期即提出，"以北首岭、元君庙下层等为代表的文化遗存，应和半坡类型划分开来"，"两遗址的下层文化遗存基本一致，而与其余部分之间风格截然不同，也同整个仰韶文化面貌相异"[13]。70 年代初，北京大学考古专业编写的《中国新石器时代考古》讲义，即把这类遗存称"老官台型"。在裴李岗和磁山遗址发掘之后，发现了裴李岗文化和磁山文化，严文明先生于 1979 年写的《黄河流域新石器时代早期文化的新发现》一文中，开始提出了老官台文化的命名，并认为"磁山文化属于新石器时代早期较晚的阶段，老官台文化当然也是属于同一阶段的"[14]。与此同时，张忠培先生亦同样提出了老官台文化的命名，并认为"老官台文化的探索目前还只是一个开端"[15]。

当然，对于老官台文化的命名问题，考古学界的认识并不一致。有的学者把北首岭下层遗存仍然归属于仰韶文化范畴，而将其称"北首岭下层类型"[16]。

但是，也有人把李家村和老官台遗址为代表的文化遗存加以区分，分别把它们作为一种独立的考古学文化命名，称李家村文化和老官台文化。这种观点认为以李家村和老官台遗址为代表的文化遗存虽有较多相似之处，但也有较大差异。在陶器中都以三足器和圈足器为特征，但两者的器形有较大差别。李家村文化的三足器多为直口杯形，多夹砂灰白陶，外饰竖绳纹，三足呈乳突状或三角锥状；而老官台文化的三足器多为钵形或罐形，且口沿均外侈，外饰交叉绳纹，三足多为圆锥状。李家村文化的圈足器呈碗形，所以就称为圈足碗，腹较深，器壁斜弧外鼓，内黑外红泥质陶，外饰斜绳纹；而老官台文化的圈足碗腹较浅，器壁斜直，口沿作锯齿状，外饰网状交叉绳纹，也有素面，有的口沿外有一道红色宽带纹，并出现假圈足。李家村文化的平底钵多为黑灰色泥质陶，而老官台文化的平底钵多为橘红色泥质陶。另外，在李家村文化中不见老官台文化的筒状深腹罐和小口球腹形壶。因此认为李家村文化和老官台文化是处于大致相同的历史发展阶段中的不同文化，应予以分别命名[17]。

对于老官台文化的命名，笔者是赞同的，在 20 世纪 70 年代末，我们就采用了老官台文化的命名[18]。老官台文化遗址虽然与仰韶文化半坡类型有共同的分布地域，但有其内涵单纯的典型遗址。而这类遗址的面积很小，文化内涵贫乏，与仰韶文化半坡类型遗址的面积和内涵有所不同，且这类遗址的发现亦不止一处。在以老官台为代表的一类遗址中，发现的文化遗存有鲜明的特征，主要表现在出土的石器中打制石器占有较大的比例，陶器的种类少，器形亦比较简单，具有代表性的典型器物有三足筒状深腹或鼓腹罐、三足钵、小口短颈球腹壶、圈足碗等，纹饰则都以绳纹为主，并有一些红色宽带纹彩陶。这批具有典型性和代表性的器物群与半坡类型仰韶文化中具有典型性和代表性的器物群毫无共同性可言。两者的文化面貌有很大的区别，文化发展水平亦有很大差异，应该是分属于不同发展阶段的遗存。因此，把老官台为代表的一类遗存与半坡类型仰韶文化加以区别，作为一种独立的考古学文化予以命名，称为老官台文化，是合适的。

但是，对于把李家村和老官台遗址的文化遗存加以区分，分别把它们命名为李家村文化和老官台文化，我们则有不同的意见。诚然，李家村和老官台遗址的文化遗存其面貌特征并不完全相同，存在某些区别，但两者之间毕竟有明显的共性。两者的打制石器都占有一定的比例。陶器特征亦接近，都是陶色不纯正，火候不高，陶质疏松，手制，器物种类少，形制亦比较单调，只有罐、钵、碗之类炊具和饮食器，亦都是以三足器和圈足器最具特色，其中筒状深腹三足罐、三足钵和圈足碗最具有代表性。纹饰亦以绳纹和线纹为主。两者的石器和陶器都有明显的共性，因此，李家村和老官台遗址的文化面貌特征可以说是大同而小异，这种大同说明两者应属同一种文化，小异则说明两者可能分属于不同的类型。所以我们主张把李家村为代表的遗存归属于老官台文化范畴，称为老官台文化李家村类型比较合适。

总之，老官台文化的年代早于仰韶文化半坡类型，但其自身的发展年代则有早有晚，大体距今七千年左右，把它定属为新石器时代早期晚段亦无不可。在目前所发现的这类文化遗址中，各遗址的文化面貌特征都存在一定的差异，有的差异较大，有的则比较小。这些差异，或许有年代不同的差异，或许有地方性差异，因此应有不同类型之分。至于老官台文化类型的划分，则可以作进一步的研究。

3. 裴李岗文化与老官台文化的关系

裴李岗文化和老官台文化的分布地域不同，两者的文化面貌特征亦有很大的区别，因此两者的关系应该是两种不同文化之间的关系，同时亦有年代早晚不同的关系。但是，两者之间亦有某些共同和相似的特征，因此彼此之间很可能在文化上亦有一定的联系与影响。

裴李岗文化与老官台文化的区别，主要在于两者的遗物特征有根本的不同。

裴李岗文化和老官台文化的石器和陶器都有明显的区别。前者的打制石器很少，主要是细石片，后者的打制石器则比较多，占有较大比例，而且主要是敲砸器、刮削器和尖状器之类较大的石片石器。前者的磨制石器有齿刃镰和长方形两端圆弧的四足石磨盘，后者则不见这类器物。前者的陶器种类较多，尤其是有鼎、筒状乳丁纹深腹罐、角把罐、小口双耳壶、折肩壶、深腹盆和瓢形勺之类很有特色的器物，后者的陶器则种类少，而且不见这些器形，它较具特色的器物是筒状深腹或鼓腹三足罐和饰有纹饰的三足钵及圈足碗等。前者的陶器纹饰主要是篦纹，后者则不见这类纹饰，而主要是绳纹。上述石器和陶器特征的主要区别，就足以表明裴李岗文化和老官台文化面貌的根本区别。

但是，裴李岗文化和老官台文化之间亦存在有某些相同或相似的因素和文化特征。

两者的聚落遗址面积都比较小，内涵亦不丰富。裴李岗文化的聚落遗址面积多数在 1～3 万平方米左右，老官台文化的聚落遗址面积为 2 万平方米左右。前者的遗址内涵并不丰富，多数遗址发现的房基和灰坑都不多，出土的遗物主要是石器和陶器，骨器较少。后者的遗址内涵更为贫乏，房基、灰坑发现更少，出土的遗物亦主要是石器、陶器，并有少量骨器。

两者的墓葬亦有相似的葬式。裴李岗文化墓葬的葬式主要是单人一次葬，晚期出现二次葬和多人合葬。多数墓都有随葬品，随葬的器物主要是石器和陶器之类的劳动生产工具和生活用具，有的墓葬有口含和随葬榧螺的葬俗。在汝州中山寨遗址发现的墓葬，有的墓内死者就口含和随葬榧螺。老官台文化墓葬亦有相似的葬式葬俗，秦安大地湾发现的墓葬都是单人一次葬，墓内都有随葬品，随葬器物亦是石器和陶器之类劳动工具和生活用具，数量少者一二件，多者十多件。宝鸡北首岭下层发现的墓葬则以单人一次葬为主，亦有二次多人合墓葬，墓内亦有随葬品，随葬的器物则为陶器，少者一件，多者六件，有的墓亦随葬有榧螺。上述情况说明两者的墓葬在葬式葬俗上有相似之处。

两者的遗物亦有某些相似的因素和特征。裴李岗文化遗物中，石器有打制石器和磨制石器，以磨制为主。在磨制石器中，两者都有石斧、石铲、石刀、石镰和石凿，有的器物形制亦基本相同或相似。陶器中，两者都有罐、壶、钵、碗，有的器物形制亦相似，如两者都有侈口深腹罐、三足钵、直口圜底钵和假圈足或圈足碗。而且老官台文化中出现的小口短颈球形腹壶亦与裴李岗文化的小口双耳壶相似。两者的纹饰亦有绳纹、划纹和附加堆纹，还有极少的红色宽带纹彩陶。

裴李岗文化和老官台文化中存在某些相同或相似的文化因素和特征，大体反映出两者的发展阶段相当，也就是说，这两种文化的发展阶段都属于新石器时代早期，同时也反映出这两种文化在彼此的发展过程中亦有一定的联系与影响。

裴李岗文化和老官台文化的聚落遗址面积都很小，文化内涵亦不丰富，文化发展水平不高，这都带有早期聚落遗址的特点。

裴李岗文化和老官台文化的墓葬都以单人一次葬为主，亦有一些二次迁葬合葬墓，墓内有随葬品。随葬的器物主要是石器和陶器之类劳动工具和生活用具，这亦带有早期墓葬的特点，因为二次迁葬合葬墓在仰韶早期墓中已经相当流行。

裴李岗文化和老官台文化的石器都有打制石器，这说明两者都带有旧石器晚期文化的遗风。两者的陶器质量都很低，胎质疏松，火候不高，器物种类少，形制亦比较简单，器体亦比较小，生产规模不大，这些亦带有早期陶器的特征。

这些共性，说明裴李岗文化和老官台文化有可能是属于同一发展阶段、分布在不同地域的两种不同的文化。

但是，从^{14}C测定的年代数据看来，裴李岗文化的年代早于老官台文化。老官台文化进行过^{14}C测定年代的遗址有李家村、白庙村、大地湾和北首岭下层遗址等，其测定的年代数据大致有 20 个左右，其中比较可靠的年代数据最早的是根据大地湾下层出土的木炭标本测定的，距今为 7355±165 年，最晚的是北首岭下层测定的年代数据，距今为 6970±145～7100±140 年，这几个数据都经树轮校正。这些年代数据比裴李岗文化年代最早的数据距今 7885±480 年为晚。

对于裴李岗文化与老官台文化之间的关系，以前我们曾经作过这样的推测："老官台文化实际上是介于裴李岗文化和仰韶文化之间的一种文化遗存，它上承裴李岗文化因素，下发展为半坡仰韶早期文化。"[19]现在看来，这种推测是不符合实际的。实际情况应该是，裴李岗文化和老官台文化是分布在中原地区不同地域的两种不同的新石器时代早期文化，在发展年代上，老官台文化应比裴李岗文化的年代晚。但是，从文化关系上看来，在老官台文化的发展过程中，很可能与裴李岗文化有一定的联系，并吸收了裴李岗文化一定的影响。在老官台文化中，陶器有侈口深腹罐、三足钵、小口短颈球腹壶等相似的器形，有可能就是受裴李岗文化所影响。

注　释

[1] 河北省文物管理处等《河北武安磁山遗址》，《考古学报》1981 年第 3 期。

[2] 严文明《黄河流域新石器时代早期文化的新发现》，《考古》1979 年第 1 期。

[3] 陈旭《仰韶文化渊源探索》，《郑州大学学报》1978 年第 4 期。

[4] 魏京武《李家村新石器时代遗址的性质及文化命名问题》，《中国考古学会第一次年会论文集》，文物出版社 1979 年版。

［5］甘肃省博物馆等《甘肃秦安大地湾新石器时代早期遗存》，《文物》1981 年第 4 期。

［6］中国社会科学院考古研究所《宝鸡北首岭》第 114 页，文物出版社 1983 年版。

［7］魏京武《李家村·老官台·裴李岗——关于黄河中游地区新石器时代早期文化的几个问题》，《考古与文物》1981 年第 4 期。

［8］同［6］，第 122 页。

［9］同［5］。

［10］张忠培《关于老官台文化的几个问题》，《中国北方考古文集》第 3～4 页，文物出版社 1990 年版。

［11］同［6］，第 126 页。

［12］同［5］。

［13］苏秉琦《关于仰韶文化的若干问题》，《考古学报》1965 年第 1 期。

［14］同［2］。

［15］张忠培《试论东庄村和西王村遗存的文化性质》，《考古》1979 年第 1 期。

［16］同［6］，第 124 页。

［17］同［7］。

［18］李友谋、陈旭《试论裴李岗文化》，《考古》1979 年第 4 期。

［19］同［18］。

参 考 文 献

考古简报与报告

1. 开封地区文管会、新郑县文管会《河南新郑裴李岗新石器时代遗址》,《考古》1978 年第 2 期。

2. 开封地区文物管理委员会、新郑县文物管理委员会、郑州大学历史系考古专业《裴李岗遗址一九七八年发掘简报》,《考古》1979 年第 3 期。

3. 河南省博物馆等《河南密县莪沟北岗新石器时代遗址发掘报告》,《河南文博通讯》1979 年第 3 期。

4. 开封地区文管会、巩县文管会、郑州大学历史系考古专业《河南巩县铁生沟新石器早期遗址试掘简报》,《文物》1980 年第 5 期。

5. 安阳地区文管会、淇县文化馆《河南淇县花窝遗址试掘》,《考古》1981 年第 3 期。

6. 南阳地区文物队、方城县文化馆《河南方城县大张庄新石器时代遗址》,《考古》1983 年第 5 期。

7. 中国社会科学院考古研究所河南一队《河南新郑沙窝李新石器时代遗址》,《考古》1983 年第 12 期。

8. 中国社会科学院考古研究所河南一队《1979 年裴李岗遗址发掘报告》,《考古学报》1984 年第 1 期。

9. 中国社会科学院考古研究所河南一队《河南汝州中山寨遗址试掘简报》,《考古》1986 年第 7 期。

10. 河南省文物研究所《长葛石固遗址发掘报告》,《华夏考古》1987 年第 1 期。

11. 河南省文物研究所《河南舞阳贾湖新石器时代遗址第二至六次发掘简报》,《文物》1989 年第 1 期。

12. 廖永民、王保仁《河南巩县水地河新石器遗址调查》,《考古》1990 年第 11 期。

13. 中国社会科学院考古所河南一队《河南汝州中山寨遗址》,《考古学报》1991 年第 1 期。

14. 中国社会科学院考古研究所河南一队《河南郏县水泉裴李岗文化遗址》,《考古学报》1995 年第 1 期。

15. 巩义市文物管理所等《巩义市瓦窑嘴遗址第三次发掘报告》,《中原文物》1997 年第 1 期。

16. 河南省文物考古研究所《河南辉县孟庄遗址的裴李岗文化遗存》,《华夏考古》1999 年第 1 期。

17. 郑州市文物工作队、巩义市文物管理所《河南巩义市瓦窑嘴新石器时代遗址的发掘》,《考古》1999 年第 11 期。

18. 河南省文物考古研究所《舞阳贾湖》,科学出版社 1999 年版。

论著

19. 苏秉琦《关于仰韶文化的若干问题》,《考古学报》1965 年第 1 期。

20. 陈旭《仰韶文化渊源探索》,《郑州大学学报》1978 年第 4 期。

21. 严文明《黄河流域新石器时代早期文化的新发现》,《考古》1979 年第 1 期。

22. 张忠培《试论东庄村和西王村遗存的文化性质》,《考古》1979 年第 1 期。

23. 安志敏《裴李岗、磁山和仰韶——试论中原新石器文化的渊源及发展》,《考古》1979 年第 4 期。

24. 李友谋、陈旭《试论裴李岗文化》,《考古》1979 年第 4 期。

25. 许顺湛《试论裴李岗文化》,《河南文博通讯》1980 年第 1 期。

26. 李绍连《关于磁山·裴李岗文化的几个问题——从莪沟北岗遗址谈起》,《文物》1980 年第 5 期。

27. 许顺湛《中原远古文化》，河南人民出版社 1983 年版。

28. 赵世纲《关于裴李岗文化的几个问题》，《史前研究》1985 年第 2 期。

29. 郑乃武《略谈裴李岗文化的类型及与仰韶文化的关系》，《中国考古学研究》（一），文物出版社 1986 年版。

30. 朱延平《裴李岗文化墓地初探》，《华夏考古》1987 年第 2 期。

31. 廖永民等《瓦窑嘴裴李岗文化遗存试析》，《中原文物》1997 年第 1 期。

图书在版编目（CIP）数据

裴李岗文化/李友谋著. --北京：文物出版社，2003.12
（2020.11重印）

（20世纪中国文物考古发现与研究丛书）

ISBN 978-7-5010-1405-7

Ⅰ.裴… Ⅱ.李… Ⅲ.新石器时代文化-研究-新郑县
Ⅳ.K872.614

中国版本图书馆CIP数据核字（2002）第077533号

20世纪中国文物考古发现与研究丛书

裴李岗文化

著　　者	李友谋	
封面设计	张希广	
责任印制	苏　林	
责任编辑	窦旭耀	
出版发行	文物出版社	
社　　址	北京市东直门内北小街2号楼	
网　　址	http：//www.wenwu.com	
邮　　箱	web@wenwu.com	
印　　刷	文物出版社印刷厂有限公司	
开　　本	850mm×1168mm　1/32	
印　　张	7.375　插页：2	
版　　次	2003年12月第1版	
印　　次	2020年11月第2次印刷	
书　　号	ISBN 978-7-5010-1405-7	
定　　价	40.00元